U0098074

作文高手在一班2

作文最常用錯的詞

作文名師・文學作家**陳銘磻**的作文書

〔序 說〕

滾動著繽紛的詞彙，是層層疊疊的雅致構造

寫作和教課之餘的時間，我喜歡從閱讀中搜尋書裡的文字乾坤，然後再問自己，為甚麼作者要這樣寫？為甚麼他會用這樣的形容詞和修辭做修飾？為甚麼他能如此暢快的用這些文字表達出心中的想法？

就好比我讀三島由紀夫的《金閣寺》，不管讀過幾遍，每次總會被其中華麗文字吸引著，他描述金閣寺的建築，不僅只是描繪庭園建築的佳構，更且擬人化的把金閣寺這一座他心目中美的象徵的聖堂，融入生命之中。

「融入生命之中。」是我使用的形容，這是我從他文字所傳達的美的意象，讀到他對於美的態度、心情和心得，也就是說，我在他的文字陳述裡，讀到翻滾著生命的美是一種心的觸動與神往；而在美的氛圍之中，他有了完全屬於自己的見解。

「有時，我感到金閣像我手中玩賞的玲瓏精巧的工藝品；有時，又覺得它像佈滿、聳立在天空中的巨大怪物——伽藍。少年時代的我，從不認為『美』是半大不小而適度的東西，因此，看到一朵沾上露珠朦朧透光的夏季小花，會令我覺得它像金閣一樣的美；看到山巔湧起的朵朵烏雲，夾雜隆隆雷聲，山際一線金光閃耀，這種蒼涼悲壯之美，也會令我聯想起金閣來；甚至於看到美人的臉，也會在心中形容她美得一如金閣。」

三島由紀夫真會形容、真能描繪呀！他的文字充滿著強烈的誘惑，層層疊疊的把人的思緒導引到他那個「雅致的構造」、「調和的佳構」以及「美麗的評價」之中。

他文章裡的用字遣詞，宛如他對於心境的描摹一樣，充滿使人驚歎的各式形容，如此一想，他的寫作才華果然是駕輕就熟地把文字掌握手中，就像「我感到金閣像我手中玩賞的玲瓏精巧的工藝品」那樣自行自如。

他是怎樣辦到的？他是如何在文字的世界裡，掌控文思、運用文藻？他那極度細密的思維，又是如何運轉的？使人難以捉摸的輕靈優美的文字，他卻能以清晰可辨的姿態再三地出現在使人心神著迷的境域裡。

若說，寫作是人生無可避免的心靈創作，是有關學習的某種特定課業，那麼，寫作時，詞彙貧乏、語意難通，絕不會只是一種單純的不讀書或者記憶差的懶人意識了，這裡應該還包含著從未用心的把文字的功能看清，把詞彙掌握在手心中，呼之則出；「作文」和「金閣寺」一樣，絕對是既可觸摸得到，也可映現在眼前、心裡的東西。

使人感到不安的是，文字和詞彙雖然如山巒一般的阻隔於前，不由得使臨寫作文的學生躊躇不前，不知如何才能橫山跨嶺的到達彼端，把一整篇文章填字造詞的練筆完成。

是心使然吧！好比三島由紀夫寫作《金閣寺》那樣，心中抓住了美的議題，心中生出了美的愛憐，心中澎湃著美的嚮往，然後下筆成就了美的形象。

這一本作文書，伸展作文用詞的雙翼，帶領名詞、動詞、介詞、助詞、狀聲詞、形容詞等各類詞語，如何編織成錦，拈錦掛帆，翩然啟錨而行，裊娜宛轉出一篇好文。

目錄

HB

詞語類疊一幅錦繡

——詞語的由來與構造

詞語類疊一幅錦繡——詞語的由來與構造

漢語的語法是指語言組詞和造句的結構規律。

語法在漢語的用字意義上，分為詞法和句法兩部分，詞法包括構造、變化以及分類等。詞語又叫單詞，是語言學上承載著意義的基本單位，由一個或多個的語素組成。詞語可以組合成短語、子句和句子，在漢語文法中，子句算是短語的一種；只含有單一語素的詞語稱作單純詞，含有兩個以上語素的詞語則稱作合成詞。

以詞法的意義和結構來說，詞語雖是最小的造句單位，卻能獨立運用，它具有一定的語音、語義和語法的功能。

詞語專家認為詞類是詞的語法分類，劃分詞類的基本根據是以詞的語法功能為要，也可說是，詞的意義和形態是參考性根據；詞的語法功能指的則是詞與詞的組合能力，以及詞在句子中的地位和作用，依據詞能否單獨充當句子成分為由，所以又將詞分為實詞和虛詞兩大類：

（一）實詞：能夠單獨充當句子成分的詞。實詞表示實在的意義，屬於開放的類別，出現頻率普通，大多數都有固定的聲調。實詞包括：名詞、動詞、形容詞、助動詞、數詞、量詞、副詞和代名詞等，其中副詞和代名詞的意義不如其他實詞的意義來得實在。

（二）虛詞：不能單獨充當句子成分的詞。虛詞是跟句子的語法結構有密切相關的詞，為語法詞，屬於可列舉的類別，出現頻率高，大多數沒有固定的聲調，讀輕聲，其語法作用為附著或連接。虛詞包括：介詞、連詞、助詞、歎詞、擬聲詞等。

詞義最簡單的解釋就是「詞的含義或意義」，它是人們對一個字詞所稱呼的事物、現象、關係的概括性認識。

除了詞類的分別之外，詞語又可按結構方式的類別，分出詞組，如：聯合詞組、偏正詞組、後補詞組、動賓詞組、主謂詞組、同位詞組、連動詞組和兼語詞組等。若按功能分類，詞組可分為：名詞性詞組和非名詞性詞組。

另外，還可依照詞義，分別出：合成詞、多義詞、同義詞與近義詞、反義詞、成語、新生詞、慣用語、諺語、歇後語等詞組。

漢語詞性的類型

現代漢語中的主要詞語，可分為十三種，分別是：

名詞：人、狗、電腦、桌子、老師、林肯、歐巴馬等。

動詞：走、開始、停止、應該、貼、拼、熬等。

形容詞：痛苦、快樂、好、主要、難堪等。

數詞：一、十、百、千、萬、億、兆等。

量詞：杯、個、次、顆、隻、部、張、間、枝等。

副詞：很、不、也、也許等。

代名詞：我、你、他、它、牠、這些、那些等。

連詞：和、但、與、跟、雖然、也許等。

介詞：把、自、從、對於、至於等。

助詞：的、地、得、了等。

歎詞：啊、吧、呀、呢、啦、唄、哦、喲、唉、嗯等。

狀聲詞：叮、乒、嗶、啦等。

合成詞：修好、父母、你我、紅花、唱歌、抓緊、複習、好壞、跑步等。

漢語詞性的運用

漢語語法中，對詞性的組合有一定規則，不能弄錯詞語的語性，運用不當的詞語，或者在正確詞性下，用了錯誤的字眼，會使句子的意思改變。同一字可以是動詞、名詞或形容詞，巧妙運用這原理，可寫出順暢好讀的詞句。

◎運用不當的詞性：

中文字詞，分別有名詞、動詞及副詞等，部分字詞可以同時是名詞及動詞，混亂了詞語的語性，會形成語意不通。如：

他說話真感動。

這個句子用錯了動詞。「感動」是動詞，應改為形容詞，如「感人」，或加上「令人」於「感動」之前。換成「他說話真感人」或「他說話真令人感動」。

◎運用巧妙的詞性：

種花種好，種種種，種成種種香。

種（ㄓㄨㄥˋ）花種（ㄓㄨㄥˋ）好，種（ㄓㄨㄥˋ）種（ㄓㄨㄥˋ）種（ㄓㄨㄥˋ），種（ㄓㄨㄥˋ）成種

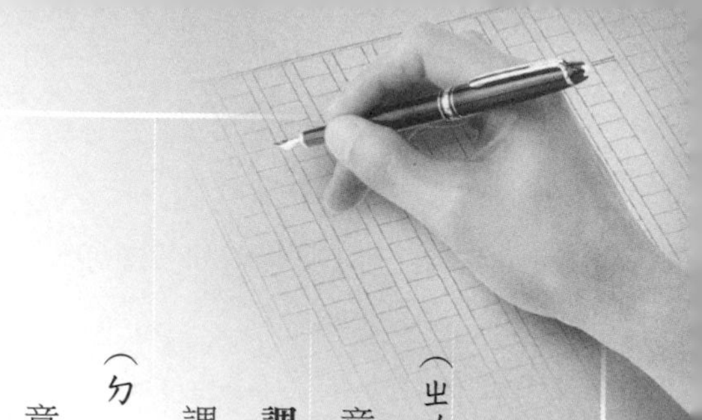

（ㄓㄨㄥˇ）種（ㄓㄨㄥˇ）香。

意思是說，種植不同的花種，種出來的每一種花都香。

調琴調新，調調調，調來調調妙。

調（ㄊㄧㄠˊ）琴調（ㄊㄧㄠˊ）新，調（ㄊㄧㄠˊ）調（ㄊㄧㄠˊ）調（ㄊㄧㄠˊ），調（ㄊㄧㄠˊ）來調（ㄉㄧㄠˋ）調（ㄉㄧㄠˋ）妙。

意思是說，調校音調，調ㄊㄧㄠˊ校ㄐㄧㄠˋ每一個音調ㄉㄧㄠˋ，調校後，每一個音調都美妙。

上述兩個例子充分表示出同一個漢字，可做為名詞、動詞或量詞使用。再看明朝才子徐文長為山海關孟姜女廟撰寫的同字異音異義的對聯：

海水朝，朝朝朝，朝朝朝落

海水朝（ㄔㄠˊ），朝（ㄓㄠ）朝（ㄓㄠ）朝（ㄔㄠˊ），朝（ㄓㄠ）朝（ㄔㄠˊ）朝（ㄓㄠ）落。

浮雲長，長長長，長長長消

浮雲長（ㄓㄤˋ），長（ㄔㄤˊ）長（ㄔㄤˊ）長（ㄓㄤˋ），長（ㄔㄤˊ）長（ㄓㄤˋ）長（ㄔㄤˊ）消。

漢字詞語的多義性

舉凡多個漢語的單字所組成，且具有意義的字串都叫做詞語，詞語有其趣味的一面，喜歡文字、或文字排列組合遊戲，喜歡從文字變化的多重學理中，學習寫作時字詞的組合技巧，作文便不至於枯燥乏味。

漢字的詞語中，只有一個意義的詞稱為單義詞，一個詞語卻有一個以上意義和解釋的則叫做多義詞，古人戲稱為「雙關語」的另一類。如：「關門」二字，既可解釋為「把門關上」，又可解釋為店家「結束營業」，收攤不再經營了。「關門」就是多義詞；再如：「打滾」本意為「在地上滾來滾去」，又可解釋為「長期在某個環境中拼命工作或生活」，好比「他從小即跟隨父親在黑社會打滾長大。」又如：「早晚」本意為「早上和晚上」，又可解釋為「遲早的事」，好比「這件事隱瞞不了多久，早晚會被識破。」再例如：「瘦身」本意為「減重減肥」，又可解釋為「工作單位的裁員動作」。其他如：靠邊站、三秋、漂亮、寬大、家常便飯等都屬於多義詞的一種。

像這種一句詞語卻有兩個以上解釋的「多義詞」，是經由本義發展出來的另一個意義，稱為「引申義」，如「關門」即是一例；另一種則是透過聯想和比喻，產生新的解釋，稱為「比喻義」，如「高峰」原意為山的最高頂，利用比喻義又可解釋為事業成就達到最頂尖，或者是聚集各國領袖在某個場合為某個特定議題開會的「高峰會議」，都是屬於多義詞的引申義和比喻義。

認識詞語的多義性，對於寫作時的用字和用詞，將有不少助益。

詞語引申義

引申義，是指從本義或基本義引申出來的另一個意義。如：

一二：原為數目名稱，引申為數量極少、一點點、少量，成語「不分一二」指不分是非黑白。

節目：節與目原指樹木枝幹紋理交結的部位，現在引申為活動的程序項目。

板眼：原指中國戲曲裡的節拍，強拍為板，弱拍為眼，現引申為辦法、主意、有條理、有層次；一板一眼則是說固執不變通。

千萬：原為數目名稱，引申為數量眾多，再三叮嚀、務必之意。「千千萬萬」也有同樣的意思，只是語氣上的差別。

參商：原是兩顆星星的名字，引申為彼此隔絕、意見不合、感情不睦。

魚雁：原為動物名，引申為書信。

規矩：規為畫圓形的器具，矩為畫方形的器具；引申為法度、規則。

污穢：污為髒物之意；穢為骯髒的意思，污穢則引申為醜惡、骯髒的意思。

準繩：準為程度、法則之意；繩為規矩、法度之意，準繩則引申為標準、規矩制度的意思。

犧牲：犧為古代稱祭祀用的純色牲畜；牲為供祭祀或食用的家畜。犧牲則引申為某目的拋棄金錢或生命、權利。

寒暑、**歲月**、**甲子**：寒暑指季節，甲子指天干地支，這些都引申為時間和光陰。

春秋：原為季節，引申為歷史、史書，另有褒貶之意，如春秋筆法，是指孔子作春秋時，有一字褒貶之說。

尋常：八尺為尋，倍尋為常，原是指長度，比喻地方狹小，現在則引申為平常和輕易。

風騷：風原指詩經的國風，騷是指楚辭離騷。現在引申意有二，一指女子行為輕佻，一指特別突出，領先群倫之意，如獨領風騷。

骯髒：骯為污穢、不潔的意思；髒為不潔之意。骯髒引申為不乾淨、污穢之意。

作文老師的叮嚀

漢語的發展過程中，由詞的語法與特性所衍義出來的「對聯」，是漢語形體美和聲韻美的極致表現。國中基測和大學學測的國文考題，經常出現「對聯」。

「對聯」又稱：對子、楹聯、楹帖、門聯、聯語等；分為四類：

一般聯：宅第、廳堂、亭閣、祀廟、機關、行號等使用，或做饋贈用的對聯。

春聯：新年時貼在大門的對聯。

賀聯：慶賀他人壽誕、婚嫁、新居落成、商店開張或是節慶時使用的對聯。

輓聯：哀輓死者，書寫在白布幅上掛用的對聯。

對聯首重上下聯的文字，詞性要類似，音調協調，對仗工整，才能配對。傳統習慣是「仄起平落」，即上聯末句尾字用仄聲，下聯末句尾字用平聲。對聯的文體不拘，講求修辭的精美；措辭要得體合宜，字句簡短；上下聯文字，內容相關，上下銜接，避免重複；精煉的語句要有創新的立意，亦即要有意趣。如：

用於家門：**勤儉為起家上策　和平是處世良規**

用於廳堂：**千古文章傳性道　一堂孝友樂天倫**

用於商業：**五湖寄跡陶公業　四海交遊晏子風**

用於新年：**天增歲月人增壽　春滿乾坤福滿門**

用於婚禮：**二姓聯姻成大禮　百年偕老樂長春**

用於賀壽：**白首相莊多樂事　朱顏並駐祝長生**

用於新居：**畫棟雕梁稱傑構　德門人里慶安居**

用於勵志：**風聲雨聲讀書聲聲聲入耳　家事國事天下事事事關心**
用於勵志：**松聲竹聲鐘鼓聲聲聲自在　山色水色煙霞色色色皆空**

常見的對聯，運用高明的修辭技巧，把平時為人熟悉的事物或現象，顯示其性質，並啟發人們思考；或者把較為抽象的名詞概念，轉化成具體的形象去感染人。以下二例即說明此特性：

蘇東坡在杭州為官時，喜愛遊山玩水，有一次到浙江莫干山一座寺廟參拜，老和尚有眼不識東坡，看他打扮樸素，指著木椅冷淡的說：「坐！」然後又喚來童子說：「茶！」兩人交談一陣後，和尚發現眼前這位香客的談吐不俗，便請他進入廂房，客氣的說：「請坐！」又吩咐童子：「敬茶！」後來，老和尚知曉堂下貴客竟是大名鼎鼎的蘇東坡時，連忙請他到客廳，恭恭敬敬的說：「請上坐！」又囑咐童子：「敬香茶！」

不久，蘇東坡要離開寺廟，老和尚請他寫副對聯留在廟裡做紀念，蘇東坡大筆一揮，寫下：

坐　請坐　請上座　茶　敬茶　敬香茶

老和尚拿了這副對聯，自覺不好意思，又不方便立刻掛到牆上，一副難堪窘態。

一生坎坷，夙有心疾的明朝文人畫家徐文長，某日，岳母過六十大壽，他和妻子一起去祝壽；宴席間，佳賓與起，希望徐文長寫副對聯慶賀，徐文長二話不說，大筆一揮，寫下：

這個女人不是人

之後，擱筆喝茶，但見客人眉頭緊鎖，岳父母臉上青一陣白一陣，徐文長繼續寫著：

本是神仙下凡塵

眾人一看，齊聲叫好；這時徐文長又繼續寫道：

生個兒子是盜賊

眾人見後驚訝不已，不久之際，下聯瞬間完成：

偷得蟠桃慶壽辰

徐文長的妙人妙聯，巧思用詞，果能流傳至今。

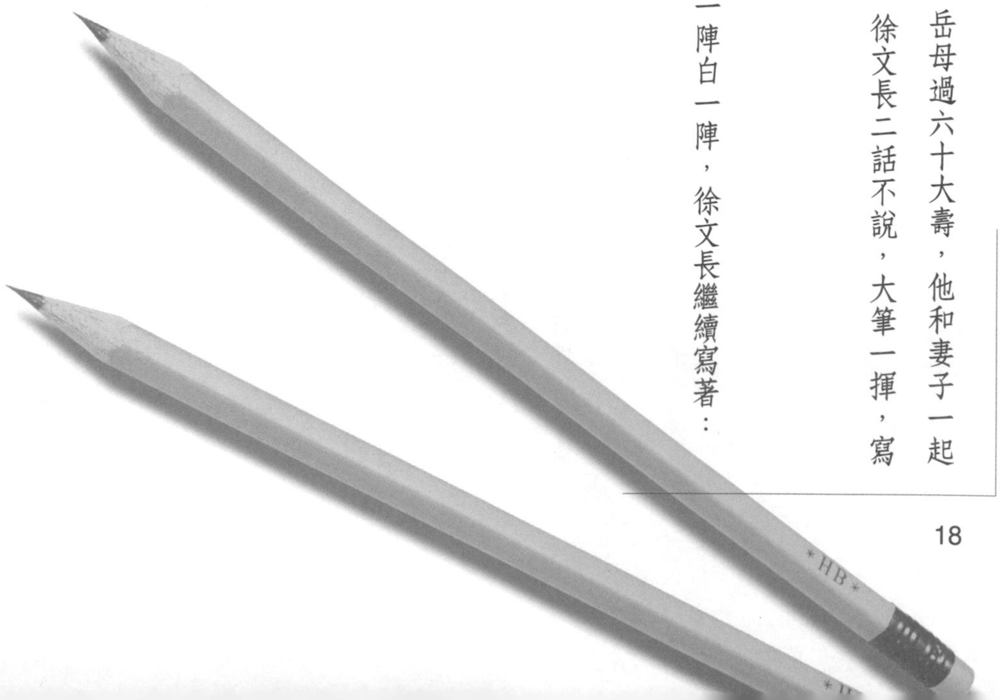

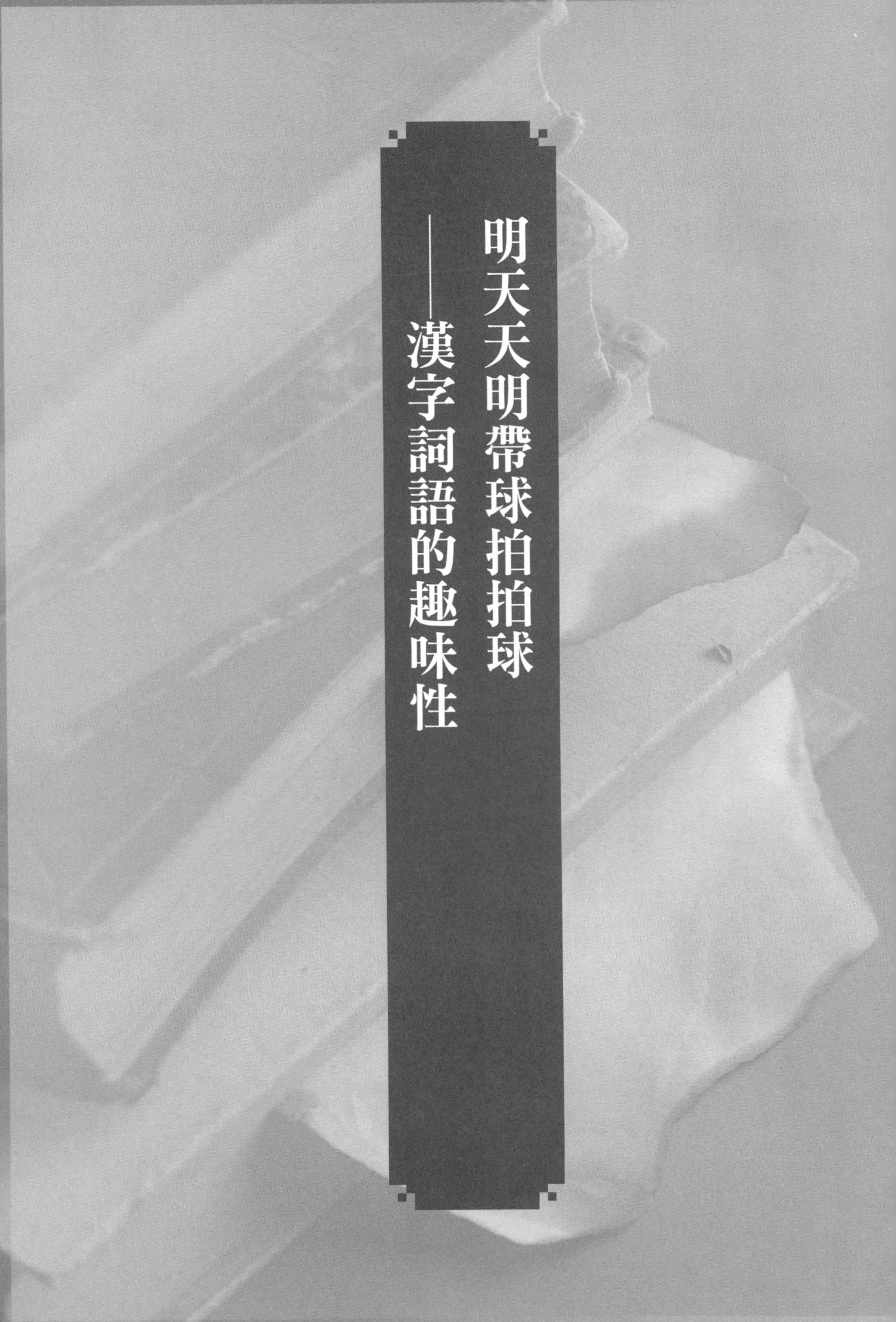

明天天明帶球拍拍球

——漢字詞語的趣味性

明天天明帶球拍拍球——漢字詞語的趣味性

詞彙是說話或作文所使用的詞語總類。

漢字歷史悠久，博大精深，詞彙豐富，平日應多閱讀、多聽講、多吸收，並瞭解詞彙的奧義，同時對於相反詞、相似詞、同義複詞、偏義複詞、疊字、量詞等詞語，加以適當應用，作文的內容就會愈加豐富、生動了。

由於漢字的組成具有各種形態，象形、指事、會意、形聲、轉注和假借等六種構造法，又可稱為「六書之說」，是漢字最早的造字法則；因此，由字和字所組合成的詞句，便充滿變化無窮的各類詞語。

例如：他對父母說話的態度非常地「惡劣」，以及他對父母說話用十分「惡劣」的態度，都是屬於形容詞，意思一樣；再如：他很懂得「享受」美好的人生，以及他喜歡人生美好的「享受」，表達的意思就有所不同，前者為動詞，後者為名詞；如：他喜歡看電影，是「標準」的影迷，以及做為一個影迷的「標準」，一樣有差距，前者為形容詞，後者為名詞；再如：他喜歡「變化」不同樣式的穿著，以及他喜歡穿著不同樣式的「變化」，仍有意思不同的差別，前者為動詞，後者則為名詞。前述四例的字詞用法一樣，但擺放位置的不同，產生文法與語意就大不相同。

人有感情，文字一樣有感情，詞語雖然無法像人類般擁有喜、怒、哀、樂的情緒變化，但在字形表面的意思之下，卻包含有更多意思。

有時候，一句平常的詞語，甚至可以使用其他詞語來代替，如：「晴天霹靂」原來的意思是說，忽然遇到了一些出乎意料的事，頓時感到天崩地裂、傷心欲絕，不知該怎麼辦？這句詞語所象徵的意思，背後卻有更多跟它一樣意思的可替代名詞，足供使用，如：平地風波、無風起浪、風雲變色、突如其來、事出不測、事出不意、意料之外、出人意表、出乎意料、出人意料、劈地價來、平地風波、平地波瀾、禍生不測、變化不測、變化莫測、始料未及、花容失色、聞雷失箸、魄散九霄、風鶴魂驚、魂不附體、驚弓之鳥、波譎雲詭等相似意義的詞語，拿來交替互換使用。

漢語在發展過程中，詞語的意義隨著時空變遷，發生了極大變化。如漢語與外來語的接觸，外來語帶入漢語的一些不同成分，也給漢語詞義的變化帶來一些獨特現象。

同樣的兩個字，前後順序顛倒之後，產生的意思仍然相同，如「往來」和「來往」、「互相」和「相互」等；再來，同樣的兩個字，前後顛倒順序，卻產生不同的新意，如「上海」的意思原指地名，字序顛倒換成「海上」便又形成另一個意思；更妙的是，前兩個字是漢語的形態，字序顛倒後，恰與閩南語的意思相通，如「外出」和「出外」、「熱鬧」和「鬧熱」等都是，以下四類相同

漢字，形成詞語之後，所產生的不同變化與意義，顯得格外生動、有趣。

1 字序相反，意思相同，二詞互爲通用：

人犯—犯人　人證—證人　久遠—遠久　山河—河山　水流—流水　中途—途中　互相—相互

心安—安心　心灰—灰心　心痛—痛心　心寒—寒心　代替—替代　加添—添加　生平—平生

光榮—榮光　光亮—亮光　存留—留存　存廢—廢存　宅第—第宅　行善—善行　坐落—落坐

抓緊—緊抓　抑鬱—鬱抑　走避—避走　依偎—偎依　來由—由來　併吞—吞併　和平—平和

和諧—諧和　往來—來往　明說—說明　治療—療治　玩賞—賞玩　花心—心花　侵入—入侵

查清—清查　查訪—訪查　泉源—源泉　要緊—緊要　消夜—夜消　浮沉—沉浮　祖先—先祖

荏苒—苒荏　記牢—牢記　問答—答問　脫逃—逃脫　創始—始創　喊叫—叫喊　尋找—找尋

痛苦—苦痛　發病—病發　傷心—心傷　虛空—空虛　詐欺—欺詐　開花—花開　嫉妒—妒嫉

感情—情感　愛情—情愛　損毀—毀損　照映—映照　置放—放置　落日—日落　補貼—貼補

道地—地道　察覺—覺察　演講—講演　睡熟—熟睡　憐愛—愛憐　躺平—平躺　辨明—明辨

翻騰—騰翻　護庇—庇護　顯明—明顯

2 字序相反，意思相同；前詞爲漢語，後詞則是閩南語：

人少—少人　力氣—氣力　口氣—氣口　大頭—頭大　大雨—雨大　山內—內山　介紹—紹介
內心—心內　公狗—狗公　公雞—雞公　公鴨—鴨公　公豬—豬公　尺寸—寸尺　手腳—腳手
火燄—燄火　火柴—柴火　且慢—慢且　北上—上北　外出—出外　母狗—狗母　母豬—豬母
母鴨—鴨母　母雞—雞母　乩童—童乩　仿冒—冒仿　帆布—布帆　血氣—氣血　私家—家私
兒子—子兒　典故—故典　命好—好命　命相—相命　命運—運命　居住—住居　性急—急性
長久—久長　長官—官長　便利—利便　前面—面前　前頭—頭前　南下—下南　客人—人客
英俊—俊英　限制—制限　氣惱—惱氣　笑面—面笑　衰老—老衰　衰落—落衰　針眼—眼針
健康—康健　剪開—開剪　唱歌—歌唱　彩色—色彩　添加—加添　猜謎—謎猜　細微—微細
習慣—慣習　販馬—馬販　喜歡—歡喜　喉嚨—嚨喉　圍牆—牆圍　場內—內場　散慢—慢散
詛咒—咒詛　開心—心開　開花—花開　嫌棄—棄嫌　會面—面會　腸胃—胃腸　運氣—氣運
飼養—養飼　演講—講演　緊要—要緊　酸臭—臭酸　颱風—風颱　鼻塞—塞鼻　嘴軟—軟嘴
嘴硬—硬嘴　模版—版模　熱鬧—鬧熱　窮困—困窮　蔬菜—菜蔬　遷延—延遷　醉酒—酒醉
頭尖—尖頭　頭頂—頂頭　應接—接應　鍬钁—钁鍬　顳頇—頇顳　洗手—手洗（日語）

3 字序相反，意義不同，恰巧說明彼此的關聯或是物品的用途：

上山—山上　工作—作工　王國—國王　手套—套手　水池—池水　水流—流水　水溫—溫水
牙刷—刷牙　外出—出外　生產—產生　白雪—雪白　出生—生出　回傳—傳回　肉包—包肉
色情—情色　色彩—彩色　衣著—著衣　好吃—吃好　告狀—狀告　告密—密告　床鋪—鋪床
受氣—氣受　受罪—罪受　受難—難受　居住—住居　明天—天明　金黃—黃金　長褲—褲長
乳牛—牛乳　科學—學科　穿好—好穿　美味—味美　音樂—樂音　風吹—吹風　借出—出借
談笑—笑談　粉撲—撲粉　旅行—行旅　送別—別送　動搖—搖動　接應—應接　前生—生前
淹水—水淹　球拍—拍球　蛀蟲—蟲蛀　產量—量產　移轉—轉移　魚網—網魚　棒球—球棒
畫圖—圖畫　開挖—挖開　黃昏—昏黃　裝罐—罐裝　達到—到達　舞伴—伴舞　蓋頭—頭蓋
蜜蜂—蜂蜜　寫書—書寫　窮人—人窮　釀酒—酒釀　課本—本課　論定—定論　學問—問學
選民—民選　藏私—私藏　議會—會議　鐵鎚—鎚鐵　媚眼—眼媚　戀愛—愛戀

4 語詞顛倒後，意思改變，成爲另一句不同意思的語詞：

人名—名人　人工—工人　人文—文人　人生—生人　人造—造人　人家—家人　力學—學力

入流—流入　力量—量力　下樓—樓下　上手—手上　上班—班上　上台—台上　上天—天上

上床—床上　上海—海上　上樓—樓上　口哨—哨口　工人—人工　工兵—兵工　不要—要不

中山—山中　中看—看中　中年—年中　中華—華中　日本—本日　水面—面水　水墨—墨水

水車—車水　火鉗—鉗火　水滴—滴水　兄長—長兄　出走—走出　出發—發出　出超—超出

出道—道出　出賣—賣出　加強—強加　功用—用功　外號—號外　失散—散失　生長—長生

生前—前生　皮包—包皮　存活—活存　死心—心死　百年—年百　住持—持住　走調—調走

事情—情事　來回—回來　來年—年來　來到—到來　來歷—歷來　兒女—女兒　取巧—巧取

房產—產房　抬高—高抬　放下—下放　身分—分身　花名—名花　花香—香花　花瓶—瓶花

花蓮—蓮花　迎親—親迎　長年—年長　長處—處長　故事—事故　相識—識相　計算—算計

個別—別個　孫子—子孫　家人—人家　家當—當家　前年—年前　馬上—上馬　馬公—公馬

消氣—氣消　高等—等高　動能—能動　動機—機動　國法—法國　帶頭—頭帶　張開—開張

情人—人情　情調—調情　掉頭—頭掉　救急—急救　教宗—宗教　教會—會教　現實—實現

眼紅—紅眼　眼睜—睜眼　處分—分處　部下—下部　部分—分部　閉關—關閉　棗紅—紅棗

發揮—揮發　答應—應答　跑路—路跑　意會—會意　量度—度量　開支—支開　開放—放開

開除—除開　開張—張開　達到—到達　陽光—光陽　傳真—真傳　傳單—單傳　感性—性感

感動—動感　愛心—心愛　舅母—母舅　葬送—送葬　補修—修補　過帶—帶過　過渡—渡過

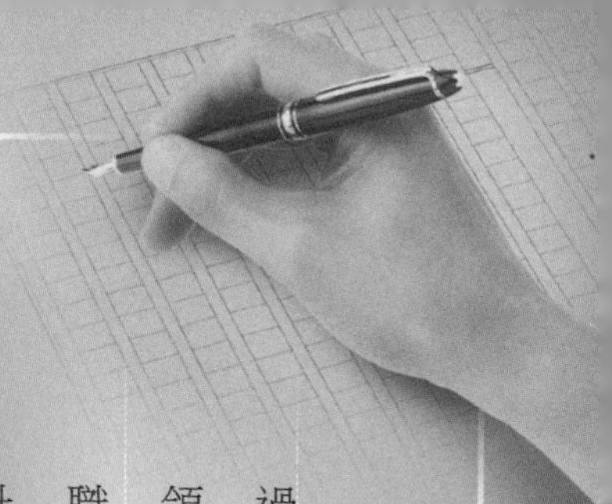

過錯—錯過　電台—台電　實務—務實　對答—答對　算盤—盤算　語法—法語　說白—白說

領帶—帶領　寫照—照寫　敵情—情敵　機動—動機　磨難—難磨　辦公—公辦　頭套—套頭

職稱—稱職　轉運—運轉　關廟—廟關　關機—機關　露白—白露　國中—中國

社會—會社（日語）

作文老師的叮嚀

除了詞語顛倒後產生新詞及其不同意思或相同意思的趣味性之外，漢語中，運用同字多音多義的特質所產生的詞句，更能巧妙的把漢語詞性的特色表露無遺：

香港的香真香

用中文讀或用閩南語讀，這句話的第一個「香」字，指的是「香港」的香，為名詞；第二個「香」字為名詞，指燒香用的香；第三個「香」字為形容詞，形容香港販賣的香很「香」。用漢語發音，三個「香」字的讀音都相同「ㄒㄧㄤ」，如果用閩南語唸，這三個

「香」字的發音全不同。「香港」的「香」讀成ㄏㄩㄥ；「香港的香」中的第二個「香」讀成ㄏㄧㄨ；「真香」的「香」要讀成漢語「芳」字的音ㄆㄤ。注意：ㄩ在發音時不嘬口，ㄨ加鼻音。

再來看一看有關「解」和「樂」的同字多音多義的例子：

年輕的解縉中了鄉試第一名的解元後，有一天去遊山，口渴欲飲，眼前正巧看到一座草堂，遂進屋要茶喝。屋裡白髮蒼蒼的老人問他是誰？做什麼來著？解縉年少氣盛，出口便答道：「吾解縉解元是也。」既是解元，一定具才華，老者聽聞後，便要求他先對上一個對子，才能喝茶。老者即刻寫下上聯：

一碗清茶解解解元之渴

一碗清茶，解（ㄐㄧㄝˇ）解（ㄒㄧㄝˋ）解（ㄐㄧㄝˋ）元之渴。

解縉心想：這一連三個解字，三音三義，對起來著實不容易。看來這碗茶準是喝不成了。於是準備告辭，順便問老人：「您貴姓？」

老人回答：「敝姓樂」。解縉又問：「過去老人家一直住在山裡嗎？」

老人回答：「不，老夫過去是朝廷樂府的官員。」

解縉心裡一喜，指着牆上的七弦琴說：「老丈常撫琴？」

老人：「略懂一二。」

解縉：「可否彈奏一曲？」

老人取下了琴，便彈奏起來。

解縉笑着說：「對上了！我對上了！」接着唸出了他的下聯：

七弦妙曲樂樂樂府之音

七弦妙曲樂（ㄌㄜˋ）樂（ㄩㄝˋ）樂（ㄩㄝˋ）府之音。

老人聽完讚不絕口，馬上端來一杯清茶讓謝縉解渴。

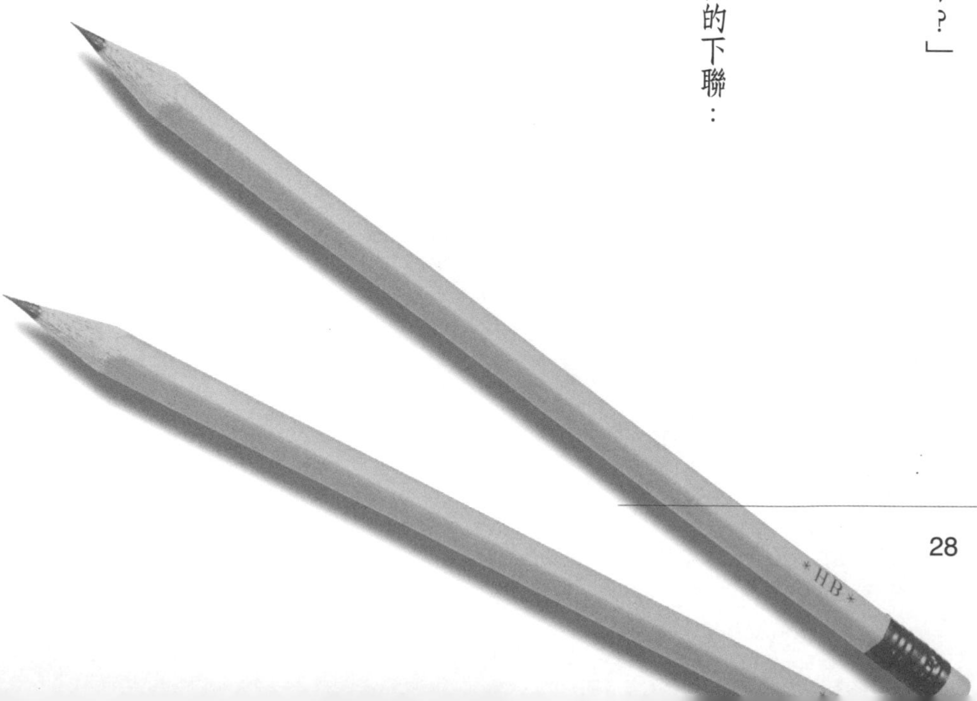

表示人、事、地、物的名詞

表示人、事、地、物的名詞

名詞是表示人、事、地或物的名稱詞語，包括空間、方位和時間。它的特徵為：不受副詞修飾；名詞前面可加數量詞組；表示人的名詞後面可加「們」以示複數；在句中常做主語、賓語和定語使用。從語法的意義特性上來看，名詞的主要種類有：

普通名詞

表示普通概念的名詞。這類詞語不僅在名詞中占多數，而且在各類語法中也占最多數。普通名詞可以受數量詞修飾。如：

小孩　貓　土地　學者　母親　香蕉　作家　教師　城市　大人　高山　桌子　學生　電視

專有名詞

表達單獨概念的名詞。專有名詞一般不受數量詞修飾，如：

台灣　日本　美國　東京　紐約　中國　黃河　淡水河　台北　長江　孔子　林肯　柯林頓

集合名詞

表達集合概念的名詞。集合名詞不能受定量數詞修飾，只能受表示不定數量的詞的修飾。如：「一片森林」，不能說成「兩片森林」。而表達非集合概念的非集合名詞可以受定量數詞修飾。如「兩朵花」。集合名詞包括：

森林　詞彙　人口　車輛　樹木　月餅　海洋　河流　珠寶　家庭　班級　政黨　團體

抽象名詞

表達屬性概念的名詞。如：

彈性　情緒　魄力　原理　事業　道德　友誼　觀點　道德　工作　事務　幸福　內涵

時間名詞

表示時間的名詞。如：

今年　明天　中午　後來　黑夜　春節　春天　夏天　秋天　冬天　以前　剛才　午后

方位名詞

表示方位的名詞。方位詞可以放在其他詞的後面，組成方位詞組，又叫方位結構。如：

上 下 前 後 裡 內 中 外 旁 左 右 東 西 南 北 面前 跟前 背後 以下 中間 當中 旁邊 上方 東面

漢語的名詞除了「專有名詞」、「普通名詞」和「集合名詞」之外，另有一種分類方法，即是把名詞分為「具體名詞」和「抽象名詞」。前者是指有實體的確定事物，如：狗、桌、飯、鐵塔等；後者則指像情感、意見、概念等抽象的事物，如：自由、正義、奮鬥等。兩者之間的區別不是非常明顯，互相滲透的情況更多。

由於名詞包括的範圍十分廣泛，過去的漢語語文學者還把名詞細分為很多類別，包括：天文、時令、地理、花草樹木、鳥獸蟲魚、器物、衣飾、飲食、文具、文學、形體、人事、人倫等。這是為了讓後人能夠從嚴格的對仗語法中，找到適宜的詞性做為寫作依據，亦即名詞對名詞、動詞對動詞等，而且在名詞對名詞時，所屬的詞類也要一樣。

所謂「對仗」，除平仄外，就是指同類詞相對。如動詞對動詞，名詞對名詞，助詞對助詞。但除了同類詞相對，更將其細分，如數字對數字，方位對方位，顏色對顏色等。如「三月」對「五更」，「青山」對「綠水」，這種工整的對仗，稱作「工對」，也稱「嚴對」。

比如李白的〈渡荊門送別〉：「月下飛天鏡，雲生結海樓。」這一首詩的對仗結構，「月↓雲」是名詞對名詞，而且是天文類對天文類，就詩詞的修辭學來說，這一首詩的對仗就對得非常嚴整。再比如元稹的〈早歸〉：「飲馬雨驚水，穿花露滴衣。」這一首詩的對仗結構中，「馬↓花」是名詞對名詞，但馬是動物，花是植物，不是名詞分類中的同一類。這種只滿足詞性相同，而不滿足詞類相同的詞對，叫做「寬對」。

使用對仗的修辭寫作，古代詩詞中有許多這類作品。

江畔獨步尋花　　杜甫

黃四娘家花滿蹊，千朵萬朵壓枝低。

留連戲蝶時時舞，自在嬌鶯恰恰啼。

第一聯中的兩句不構成對仗結構，因為它們的語法結構不同，比如「花」是名詞，「壓」是動詞，不能對。第二聯中的兩句構成對仗結構：「留連↓自在」動詞，「戲↓嬌」形容詞，「蝶↓鶯」名詞，「時時↓恰恰」副詞，「舞↓啼」動詞，它們都是工對。

絕句　杜甫

兩個黃鸝鳴翠柳，一行白鷺上青天。
窗含西嶺千秋雪，門泊東吳萬里船。

這首絕句中的兩聯都構成對仗結構。第一聯：「兩↓一」數字，「個↓行」量詞，「黃↓白」顏色，「鸝↓鷺」名詞，「鳴↓上」動詞，「翠↓青」顏色，「柳↓天」名詞，除了最後一對是寬對外，其餘六對都是工對；第二聯：「窗↓門」名詞，「含↓泊」動詞，「西↓東」方向詞，「嶺↓吳」地理名詞，「千↓萬」數字，「秋↓里」名詞（或千秋↓萬里），「雪↓船」名詞，除了後兩對以外，其餘五對都是工對，這兩組對仗結構都很工整。

名詞在古代漢語的意動用法

古代漢語中，名詞、動詞、形容詞在句子中充當甚麼地位，有一定的分工，也就是說，這三類詞的基本功能比較固定。但某些詞若按照一定的語言習慣又可靈活運用它的詞性。在句子中因為詞的意義和意思可變性大，可臨時改變它的基本功能，充當別的詞類，這就是詞類的活用。

◎兩個名詞連用若不是並列結構，又不是偏正結構，其中一個名詞就可活用成為動詞。如：

《韓非子．五蠹》：遂王天下。

《陳涉．起義》：乃丹書帛曰：「陳勝王」。

◎名詞、形容詞放在「所」字後面，活用成為動詞。如：

《史記．秦始皇本紀》：非博士官所職，天下敢有藏詩書百家語者，悉詣守尉雜燒之。

《鼂錯．論貴粟疏》：故俗之所貴，主之所賤也；吏之所卑，法之所尊也。

◎名詞、形容詞放在「能」、「可」、「足」、「欲」等能願動詞的後面，活用成為動詞。如：

《論語．公冶長》：子謂公冶長：「可妻也」。

《史記．甘茂列傳》：寡人欲相甘茂，可乎？

《荀子．修身》：厭其源，開其瀆江河可竭。

◎名詞放在副詞後面，活用成為動詞。如：

《左傳．僖公三十二年》：秦師遂東。

《史記．西門豹治鄴》：從弟子十人所，皆衣繒單衣。

《鼂錯．論貴粟疏》：不足生於不農。

◎名詞、形容詞放在「之」、「我」等代名詞前面，活用成為動詞。如：

《荀子．儒效》：高之，下之，小之，臣之，不外是矣。

《胡銓．戊午上高宗封事》：是欲臣妾我也，是欲劉豫我也。

◎名詞後面用介詞結構做補語，這時名詞也活用為動詞。如：

《國語．勾踐滅吳》：請勾踐女女於王。

◎名詞用連詞「而」連接時，也能活用做動詞。因為連詞「而」通常只連接動詞、形容詞和動詞性、形容詞性的片語，並不連接名詞。所以名詞用「而」連接時，就活用成為動詞了。如：

《桓寬．鹽鐵論》：不耕而食，不蠶而衣。

詞類的活用，古代漢語中現代漢語更常見，閱讀古文時，對詞類的活用能夠靈活掌握，再根據各類詞語的句法功能與相互關係，聯繫上下文做判別，以達到理解漢語語法的效能。

作文老師的叮嚀

漢語的詞類中，有兩種或多種語法功能，而且詞彙意義密切相關，都屬於一個多義詞的不同義項，這種詞叫做「兼類詞」。

名詞兼動詞

包 病 刺 保管 愛好 報導 報告 比喻 裁判 參謀 沉澱 稱呼 處分 創造
代辦 代表 導演 調度 雕塑 翻譯 反應 分析 工作 貢獻 規劃 合唱 彙報
計劃 記錄 鑑定 建築 建議 獎勵 練習 領導 命令 判斷 啟發 企圖 傾向
設計 聲明 說明 通知 希望 援助 展覽 診斷 證明 主編 注釋 裝備 組織
作用。

名詞兼形容詞

矛盾：關於到底要不要出國念書的事，她心裡很矛盾。
滿腔熱情：她對客人非常熱情，使得店裡的生意一直很好。
苦中有樂：他過去的日子過得很苦，現在逐漸好轉起來。

其他兼類詞

根據（名、動、介）；部分（名、量、形）；錯（名、形、動）；好（名、形、副、助動）。

HB

動詞開始進行停止

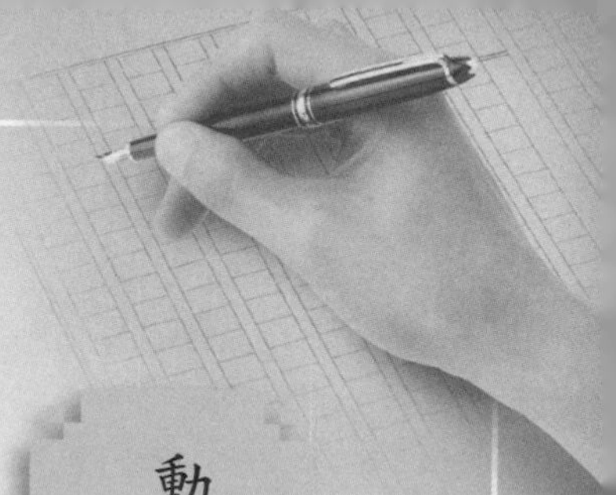

動詞開始進行停止

動詞是用來表示動作、行為、發展變化、心理活動等意義的詞語，能受副詞修飾，部分可帶「著、了、過」表示動態，部分動詞可重疊，在句中經常做謂語，多數能帶賓語，它的類型分為：

表示動作行為：走、說、批評、跳、笑、修理、幫助、讀、寫、保護、看、贊成等。

表示心理活動：想、愛、忘記、討厭、瞭解、感到、希望等。

表示發展變化、存在消失：發生、演變、減少、有、出現、消失、沉沒、滅亡、增加等。

表示行動終始：開始、進行、停止、來、去、上來、出去等。

表示使令：叫、讓、命令、使、要求、請、禁止等。

表示對待處理：加以、給予、予以等。

表示可能、意願：應該、可以、會等。

表示判斷：昊、等於等。

動詞，是用來形容或表示各類動作的詞語，每個完整的子句都必須有一個動詞，當必須表示第二個動作時，則可以使用不定詞、動名詞、對等連接詞、從屬連接詞或增加子句等方法來做為連結。中文的動詞跟英文的動詞不同，無所謂的過去式、現在式、未來式，或現在進行式的區別。因此，書寫作文時，根本不需要在詞句中特別告知讀者這是過去、現在，或是未來，如：過去、以前、昨日、很久很久以前，中文詞彙裡已然充滿相關於過去式、現在式和未來式的語詞。

中文的動詞又可分為：動作動詞、狀態動詞、關係動詞和能願動詞四種。

動作動詞

用來表示動作行為的動詞，占動詞中的絕大多數，如：吃、看、聽、說、講、試驗、辯論、收集、表演、通知等。動作動詞是最典型的動詞，它的語法特徵是：可以重疊；可以帶動態助詞「了」、「著」、「過」；可以用「不」和「沒」來否定；可以帶動量、時量補語；可以構成命令句；可以用正反疑問式提問；不能受程度副詞修飾。

狀態動詞

表示人或動物的精神、心理和生理狀態。如：愛、恨、喜歡、討厭、想念、希望、聾、瞎、

餓、醉、病等。狀態動詞語法特徵是：大都可以受程度副詞的修飾；不能構成命令句；表示心理狀態的狀態動詞是及物的，表示生理狀態的狀態動詞是不及物的。

關係動詞

主要作用是聯繫主語和賓語，表示主語與賓語之間存在某種關係。關係動詞的量不多，如：是、叫、姓、當作、成為、等於、像等，其語法的特徵是：多用「不」來否定，偶爾可以用「沒」；除了「像」以外，一般不能受程度副詞修飾，不能省略賓語；不用重疊式；後面很少用動態助詞「了」、「著」、「過」；不能做「把」字距的動詞；不能構成命令句。

能願動詞

能願動詞又稱助動詞，是表示可能、意願的詞語，多數表示意願，少數表示可能。表示意願的如：要、想、願意、肯、敢、應該、應當、應、該、得（ㄉㄟˇ）、能、能夠、可以、可、准、許、得（ㄉㄜˊ）、配、值得；表示可能的如：可能、會、要、得（ㄉㄟˇ）、能、能夠、可以；表示必要的如：該、應、應當。

常用的動詞語彙

入下上亡予云分切升曰欠止出刊加去叩叫打生用甩交伐划印吃
存扛收死考行住佔作告吹吻吸吟夾抗扶找扯投抓攻求沖灼盯見
走來刺取受呼奔念拉拌抹拔拍抱拖抬放昇治泡爬爭玩知臥花長
侵咬品待思恨挖按持施查洗炸省看穿約背要趴降飛飛食倚剜剝
哼哭套拿捏挽栽浸涉浮烤站笑記送追酌停做偷剪動啄唱啖問唸
堆崩帶探接掛掉推採救教望棄添淋淹牽猜移聊脫訪通造閉割創
勝喊喝喫揀揍插提握捶換敢散游渡減測煮畫登發等策答華裁訴
貼買跋跑跌量開集飲傳嗜嗅填想愛搓搭搬搏搜搔搶歇溺滑照當
睬睜碰綁置落補裝試跳跺跪道遇過頒頌馳搥搧嘗察摸演漂漲煽
睡種算罰聞舔蓋蒸蒐製誦說趕遞駁瞅劈寫彈徵撲撈撥撕撕播潑
編罵衝談調論賞賦賣賜踢踏踩躺遮鋪閱養鬧學撿擒燉燒瞥磨窺
興踹輸辨辦遺醒嚐戴擊擰擦獲盪瞪舉講趨避邀餵點擺歸繡翻藏
轉題騎簽蹲關攙觸議飄覽護躍辯驅彎攤疊聽襲讀變釀觀

使用動詞的詞句（黑體字爲動詞）

嚐鮮 **吃**飯 **啖**蔗 **嗜**酒 **酌**量 **看**見 **喝**水 **品**味 **嗅**出 **聞**香 **飲**酒 **提**貨 **跺**腳 **走**路 **瞪**眼 **爬**山

划船 **投**球 **偷**情 **猜**謎 **搥**背 **挽**留 **飛**航 **長**大 **牽**手 **寫**字 **拉**肚子 **擦**玻璃 **喝**汽水 **發**傳單

撈金魚 **沖**身體 **摸**不清 **買**衣服 **貼**春聯 **唱**山歌 **舔**耳朵 **遮**雨棚 **搭**汽車 **挖**竹筍 **剪**花枝

咬耳朵 **掛**電話 **等**朋友 **搜**屋子 **翻**衣櫃

古語中的動詞

古代漢語兼語式的前一個動詞通常是用「使」、「令」、「遣」、「命」、「拜」、「封」等含有使令意義的動詞：（黑體字為動詞）

《史記．屈原賈生列傳》：懷王**使**屈原**造**為憲**令**。

《史記．孫子吳起列傳》：臣能**令**君勝。

《韓非子．存韓》：秦遂遣斯**使**韓也斯。

《三國志．蜀書諸葛亮》：魏明帝**命**張部**拒**亮。

《史記．李斯列傳》：秦王**拜**斯為客卿。

《史記．留侯世家》：高帝乃**封**張良為留侯。

《商君書．定分》：一兔**走**，百人逐之。

《戰國策．齊四》：孟嘗君**使**人給其食用，無乏之。

《莊子．秋水》：於是焉河伯始**旋**其面目，**望洋**向若而歎。

《韓非子．五蠹》：吾有老父，身死，莫之**養**也。

《史記．項圈本紀》：大王來何**操**？

《史記．項圈本紀》：沛公安**在**？

《韓非子．難一》：公曰：「太師誰**撞**？」

《公羊傳．定公八年》：盜者孰**謂**？**謂**陽虎也。

《論語．子罕》：吾誰**欺**？**欺**天乎？

《論語．子罕》：吾何**執**？**執**御乎？

《左傳．昭公三十一年》：寡君其罪之**恐**，敢與知魯國之難？

《左傳．僖公五年》：將虢是**滅**，何愛於虞？

《淮南子．說林訓》：狂者傷人，莫之**怨**也，嬰兒詈老，莫之**疾**也。

《戰國策．趙三》：於是平原君**欲**封魯仲連，魯仲連**辭讓**者三，終不肯**受**。

作文老師的叮嚀

白話文中有許多口語化的單字，如被列為賓語的「把」字，成為學生作文用語中出現率相當高的一個字，要使用「把」字則必須注意，除了動詞是及物並有處置意義外，動詞後面還需要有補語或助詞等才能成句。如：（黑體字為動詞）

許毅源已經把功課都**做**完了。
孫家柱把門口的落葉都**掃**乾淨了！
馬小九把我的單車**騎**走了。
我要把海角七號這部電影再**看**一遍。
我要把這本暢銷書**送**給最要好的同學。
請你別把這件事告**訴**我爸爸。
陳老師把漢語的語法**講**得十分清楚。
我並沒有把錢**放**進我的口袋裡。

動詞的運用仍需跟其他詞類相呼應使用，既然動詞是用來形容或表示各類動作的詞語，當然也可以有疊字出現，如：

看一看　笑一笑　好不好　吃一吃　掛一掛　搜一搜　讓一讓　動一動　吸一吸　叫一叫

喊一喊　翻一翻　點一點　算一算　簽一簽　等一等　抓一抓　踏一踏　踹一踹　撥一撥

敢不敢　說不說　收不收　睡不睡　罰不罰　種不種　交不交　笑不笑　燒不燒　騎不騎

同意不同意　答應不答應　能夠不能夠　可以不可以　願意不願意　應該不應該

* HB *

這會兒代名詞在這裡

這會兒代名詞在這裡

代名詞是指用來代替詞、短詞和句子等語言片段的詞，如：名詞、動詞、形容詞和數量詞，詞組功能的詞語，代名詞獨立性強，不受別的詞修飾，因代替作用不同分為三類：

人稱代名詞

用來替代人或事物的名稱的代名詞。如：

你 您 我 他 它 她 牠 祂 我們 你們 他們 咱 咱們 大家 人家 別人 旁人 自己 自個兒

大夥兒

指示代名詞

用來指示或區別人或事物的代名詞。如：

這 那 這裡 那裡 這兒 那兒 這麼 那麼 這樣 那樣 這會兒 那會兒 這麼樣 那麼樣

疑問代名詞

用來表示疑問或詢問並提出問題的代名詞。如：

誰　甚麼　哪裡　幾時　怎麼　怎樣　多少　怎麼樣　多會兒　哪會兒

從語法功能來看，有些代名詞的作用相當於名詞，如所有的人稱代名詞以及「這、那」等指示代名詞，和「誰、甚麼」等疑問代名詞。

有些代名詞相當於動詞或形容詞，如「這樣、那樣」等指示代名詞和疑問代名詞「怎麼樣」；有些代名詞相當於副詞，如「這麼、那麼」等指示代名詞；有些代名詞則相當於數詞，如疑問代名詞「多少」。

按照維基百科的解釋：代名詞在不同語言中分類也不同，不過大體上包括人稱代名詞、物主代名詞、反身代名詞、指示代名詞、不定代名詞、疑問代名詞、連接代名詞、關係代名詞等。

又說：代名詞通常會顯示出人稱和數的區別：一般區分第一、第二和第三人稱，以及單複數等。也有很多語言的代名詞會顯示格的區別（如英語中第一人稱複數主格「we」和賓格「us」），性的區別（如法語中的陽性「il」和陰性「elle」）或是否為生物的區別（如漢字裡的「牠」和「它」）。同一語言內隨方言不同代名詞也有很多變化。

維基百科有趣的解釋，說道：有一些語言的第一人稱代名詞區分為「涵蓋詞」和「排外詞」，如北京話口語中，如果和特定對方交談時（不是泛指），包括聽者一般會用「咱們」，不包括聽者用「我們」。但「我們」有的時候也可以泛指包括聽者，這種情況在其他地區更明顯，很多會一概用「我們」代替（有的方言中沒有「咱們」這個詞）。

人稱代名詞的用法：

「您」ㄋㄧㄣˊ：用來指稱上級、長輩，表示尊稱。沒有複數形式，不能寫作「您們」。

「我們」：同學們！台灣是我們大家的，我們要愛護她！（「她」喻指台灣）

表示複數：我家的家規嚴格極了。

表示泛指：困在孤船上，你照顧我，我照顧你，誰都想把希望留給別人。

表示強調：只要你肯下定決心，用他幾年苦功夫，最後一定會有成果的。

指示代名詞的用法：

表示近指和遠指：這盒餅乾給你，那盒餅乾給他。

表示確指：這孩子到底跑到哪裡去了？

表示虛指：這個人一句，那個人一句，說得他都不知道該如何是好。

疑問代名詞的用法：

表示疑問：你們剛才都在聊些甚麼？

表示反詰：卡債終於全部還清了，怎麼能不高興呢？

表示任指：他是消息靈通人士，甚麼都知道。

表示虛指：這個人，我好像在哪裡見過。

表示某種感情色彩：他甚麼都會，科學、數學、文學、玄學等，範圍真廣泛。

實詞的一部分或大部分能重複使用，但替代這些實詞的代名詞，通常是不能重複使用，只有用在表示虛指的疑問代名詞，有時因重複形式，其語法意義表示出「不只一個」的意思時，才能勉強使用。如：他曾經對我說，他彰化的老家還留有多少多少座山，多少多少塊田。

另外，還有一種情況，從形式上來看像是重複形式，但卻沒有產生新的附加意義，這種人稱代名詞只能算是連用法。如：你，你，你，妝扮成這副模樣，到底是人還是鬼？

代名詞的句法功能與它所代替的詞或者短語，在句中的功能是相同的；亦即是說，被它代替的詞或者短語，在句子中扮演甚麼成份，它也就能做甚麼句子的成份了。

古語中的人稱代名詞（黑體字為人稱代名詞）

◎表示第一人稱的代名詞有：吾、我、予、余、朕、台等。可解釋成：我、我的。如：

《樂府詩選．木蘭詞》：開我東閣門，坐**我**西閣床……。（我的）

《王安石．遊褒禪山記》：樊將軍仰天太息流涕曰：「**吾**每念，常痛於骨髓，顧計不知所出耳。」（我）

《王安石．遊褒禪山記》：**余**於僕碑，又以悲夫古書之不存，後世之謬其傳而莫能名者，何可勝道也哉！（我）

《張溥．五人墓碑記》：**予**猶記周公之被逮，在丁卯三月之望。（我）

◎表示第一人稱的代名詞「余」字還可交互使用。如：

《史記．鴻門宴》：沛公曰：「君為**我**呼人，**吾**得兄事之。」（我）

表示第一人稱的代名詞「余」字還可做為指示代名詞用，如：「攻其一點，不及其伓**余**」；還可做數詞用，如：「二十尚不足，十五頗有**余**」等。

第一人稱代名詞「予」字應讀第二聲，如讀第三聲，則做動詞，如「生殺**予**奪」；予是給的意思。

◎表示第二人稱的代名詞有：女、汝、爾、而、若、乃、子等。可解釋成你或你的。如：

《聊齋誌異．促織》：**而**翁歸，自與**汝**复算耳。（你的）（你）

《詩經．碩鼠》：三歲貫**女**，莫我肯顧。（你）

《歐陽脩．伶官傳》：與**爾**三矢，**爾**其無忘**乃**父之怨！（你）（你）（你的）

《史記．鴻門宴》：**若**入前為壽，壽畢，請以劍舞，因擊沛公於座，殺之。（你）

《韓非子．難一》：以子之矛，陷**予**之盾，何如？（你）（你的）

第二人稱代名詞「而」要留意與連詞「而」做區隔，「女」要留意與名詞的「女」做區隔，「乃」要留意與副詞的「乃」做區隔。

◎表示第三人稱的代名詞有：彼、之、其、厥、渠等。可解釋成他或他的。如：

《蘇軾．石鐘山記》：余自齊安舟行適臨汝，而長子邁將赴饒之德興尉，送**之**至湖口……。（他）

《顧炎武．復庵記》：於是棄**其**家走之關中，將盡**厥**（他的）職焉。（他的）

《張溥．五人墓碑記》：吾社之行為士先者，為**之**聲義，斂贊財以送**其**（他）行，哭聲震動天地。（他）

《張溥．五人墓碑記》中「之」與「其」互用，「之」是「為」的賓語。「之」做賓語，

「其」是兼語（「其」多做主語、定語或兼語）。

《樂府選．孔雀東南飛》：雖與府吏要，**渠**會永無緣。（他）

◎古漢語的人稱代名詞一般可兼指複數。如：

《三國志．赤壁之戰》：此為長江之險已與**我**共之矣。（我們）

《史記．鴻門宴》：此迫矣！臣請入，與**之**同命。（他們）

《子路．曾皙．冉有．公西華侍坐》：以吾一日長乎**爾**，毋吾以也。（你們）

《蘇洵．六國論》：思**厥**先祖父，暴霜露，斬荊棘，以有尺寸之地。（他們的）

《張溥．五人墓碑記》：至於今，邵之賢士大夫請於當道，即除魏閹廢祠之址以葬**之**；且立石於其墓之門，以旌**其**所為。（他們）（他們的）（他們的）

◎也有在第一和第二人稱代名詞的後面加上儕、輩、屬、曹、等，表示多數。如：

《黃宗羲．柳敬亭傳》：此故吾**儕**同說書者也，今富貴若此！（我們）

《史記．鴻門宴》：不者，若**屬**皆且為所虜。（你們）

《崔銑．記王忠肅公翱事》：若翁廉，若**輩**皆且為所虜。（你們）

《杜甫．戲為之絕句》：爾**曹**身與名俱滅，不廢江河萬古流。（你們）

◎在古漢語中，第三人稱代名詞之和其，也可以活用為第一人稱或第二人稱。如：

《史記・廉頗藺相如列傳》：鄙淺之人，不知將軍寬**之**至此也。（我）

《唐順之・信陵君竊符救趙論》：然公子遇臣厚，公子往而臣不送，以是知公子恨**之**復返也。（我）

《王安石・遊褒禪山記》：而余亦悔**其**隨之而不得極夫遊之樂也。（我自己）

《戰國策・觸讋說趙太后》：老臣以為長安君計短也，故以為**其**愛不若燕後。（你的）

代名詞測試

1.「余素愛客」句中的「余」應該譯為：（我）

2.「當時父母念，今日爾應知」句中的「爾」應該譯為：（你或你們）

3.「孔子東遊，見兩小兒辯鬥。問其故。」句中的「其」應該譯為：（兩小兒）

4.「吾妻之美我者，私我也。」句中的「吾」應該譯為：（我）

5.「生於斯，長於斯。」句中的「斯」應該譯為：（這裡）

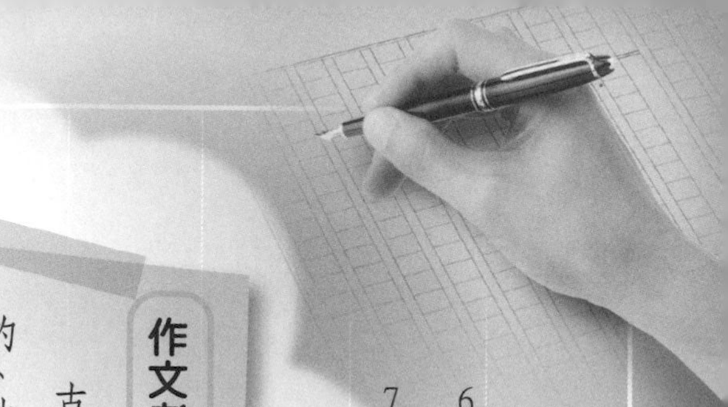

6.「匹夫安敢欺我邪！」句中的「安」應該譯為：（那裡）

7.「操嘗造花園一所，造成，操往觀之。」句中「之」應該譯為：（新造的花園）

作文老師的叮嚀

古文中的「其」字做為代名詞，相當於白話文中的它、她、他、牠、他們、它的、牠的、他的、她的、他們的、當中的、那等。而「之」字在古文中可做為代名詞，有的代人，有的代物，有的代事，有的代抽象的概念。

代名詞的演化過程中，還發展出不少關於「我」和「你」的各種謙語。古時「我」的自謙稱語，因身分不同，常用一種表示卑下的稱呼，如：孤、寡、朕、不谷、臣，下官、末官、小吏、妾、某、俺、愚、敝、鄙、竊、僕、小生、晚生、晚學、不才、不佞、不肖、寡人，小人，下走、賤妾、賤內、賤臣、丑末、貧道、衲僧；或稱自己的名。

另外，古時對他人的敬稱，不用「你」或「他」，如：萬歲、聖上、聖駕、天子、陛下、駕（皇上）、殿下、麾下（將軍）、節下（使節）、令、尊、賢、仁、丈、丈人、泰山、先、君、子、公、足下、夫子、先生、大、卿、聖等字冠於前頭，如仁兄、賢弟或詩聖。

現代人行之久矣的自謙稱語，表示卑下的稱呼，如：敝人、小弟，在下，不才、末學、後學、個人、劣者、不佞、不肖、晚學、晚輩、學人、小的、晚生、後生等；或稱自己的名。對他人的敬稱則為：閣下、台端、座上、足下、陛下、殿下、先生、大人、大大等。

* HB *

助詞一樣來著唄

助詞一樣來著唄

助詞是附著在實詞、短語或句子上面，表示某種附加意義，或在造句中起輔助作用的詞。獨立性最差，意義最不實在。助詞主要是列在詞、語、句前後，表示某種結構關係，以及表示表態句、語氣等作用。類別分為：

結構助詞，如：的、地、得、所、似的。

動態助詞，如：著、了、過、來著、被、給。

語氣助詞，如：的、了、嗎、吧、呢、啊、罷了、而已、嘛、唄。

比況助詞，如：似的、一樣、般。

結構助詞：（黑體字為助詞）

徐小明的爸爸是一位偉大**的**科學家。

他參加田徑比賽，表現**得**很差勁。

父親一生默默**地**耕耘，從不喊苦說累。

這件事像是從沒發生過**似的**，難怪他一直默默不語。

他的個性變**得**越來越古怪，都不跟別人說話。

動態助詞：（黑體字為助詞）

經過一天一夜的奔波，他終於睡著**了**。

他放學後一邊唱**著**歌回來，一副快樂模樣。

他剛剛**來**過家裡，還帶來一盒餅乾。

我**被**他家的狗嚇了一跳，差點沒把心臟跳出來。

請再**給**我一天的時間考慮好嗎？

語氣助詞：（黑體字為助詞）

你這樣說，他肯定會生氣**的**。

時間已經到了，你就快點回家**吧**！

因為這件事，你難道就不相信他**嗎**？

巴黎真是一座美麗的城市**啊**！

不會有什麼困難**的**，你放心去做吧！

比況助詞：（黑體字為助詞）

他就像失了魂**似的**，一個人愣在那兒。

老師像說京劇道白**似的**衝著學生大喊大叫。

爸爸咧著嘴直笑，高興得像個孩子**一般**。

他在大街上開車，隨著流水**一樣**的車流，東南西北地奔波。

他裝得若無其事的模樣，像這事從未發生**似的**高坐那兒。

古語中的助詞（黑體字爲助詞）

古代漢語中常見的助詞有：之、夫、唯、是、云等。如：

《史記．荊軻刺秦王》：愿得將軍**之**首以獻秦，秦王必喜而善見臣。

《魏徵．諫太宗十思疏》：何必勞神苦思，代百司**之**職役哉？

◎上述兩個「之」字，均相當於結構助詞「的」。這個做為結構助詞的「之」字，還可以用在主謂之間或前置賓語等情況。

《三國志．赤壁之戰》：邂逅不如意，便還就孤，孤當與孟德決**之**。

《黃宗羲．柳敬亭傳》：久**之**，過江，云間有儒生莫后光見**之**：「此子杖機變，可使以其技鳴。」

《史記．荊軻刺秦王》：頃**之**未發，太子遲**之**……。

◎上述三個「之」字，是用來補助一個音節用的。

《韓愈．師說》：郯子**之**徒，其賢不及孔子。

《列子．愚公移山》：以君**之**力，曾不能損魁父之丘，如太行、王屋何？

◎上述兩個「之」字，表示一種特殊的修飾關係：既不表關係，也非一般修飾關係。它的前後兩個成分是同一性質，《師說》中的「郯子」與徒是一回事；《愚公移山》的魁父與丘也是一回事。「之」一般可解為這、這樣的、那樣的。

《子路．曾皙．冉有．公西華侍坐》：**唯**求則非邦也與？

《史記．廉頗藺相如列傳》：**唯**大王與群臣孰計議之。

◎上述的「唯」字是用於句首的助詞，協助表示判斷是非或表示希望。「唯求則非邦也與？」的「唯」字可解釋為「難道」，「唯大王與群臣孰計議之。」的「唯」字可解釋為「希望」。

《丘遲・與陳伯之書》：主上屈法申恩，吞舟**是**漏……。

上述的「是」字可看作前置賓語的標誌，「吞舟是漏」，即「漏吞舟」，可漏吞舟之魚的意思。成語「唯才是舉」、「唯利是圖」中的「是」字均屬這種用法。

《蘇洵・六國論》：**夫**六國與秦皆諸侯，其勢弱於秦，而猶有可以不賂而勝之之勢。

《孫武・謀攻》：**夫**將者，國之輔也。

◎上述兩個「夫」字是用在句子的開頭，表示要發表議論，所以又稱為「發語詞」。無實義。

《梁啟超・譚嗣同傳》：蓋將以二十八日親往頤和園請命西后**云**。

《樂府選・孔雀東南飛》：時人傷之，為詩**云**爾。

《韓愈・師說》：士大夫之族，曰師曰弟子**云**者，則群聚而笑之。

◎上述的「云」字，用於句末，表示對口耳相傳的事情做出的客觀記敘，可解釋為等等、如此而已。

作文老師的叮嚀

玄奘大學中文系講師楊宗翰說：「教師本來就不該期待每位學生都是作家等級的高手，但文從字順應該還不算是太離譜的要求。可惜這幾年的閱卷經驗往往是通順妥貼者少，濫用助詞者多。一篇四、五百字短文，每隔兩句就來個「啊呀囉、吧啦喔、唉哈嘿」，活像是在四處販賣人口。現代青少年講電話跟打MSN的時間皆遠多於寫字撰文，既造成了語助詞的氾濫，另一方面也讓錯字率大幅提昇——『得』『的』不辨、『積』『績』未明、『在』『再』難分，都是很典型的例子。」

果然沒錯，現代學生寫作時，對於使用助詞，確實氾濫到無法收拾的地步，如果把學生作文裡面那些助詞全刪去，再刪除大量錯別字，全篇作文就變成七零八落，難成篇章。

有人稱助詞為「神祕的替身」，可想而知，助詞在詞語中的飄忽地位，運用不當，文句就易於淪落成四不像，難以閱讀。若以楊宗翰老師所言的「的和得」來說，它們的差異性的確不少：

「的」為介詞時，後面接名詞，如：老師講「的」歷史故事，讓我聽「得」入神。

「的」為形容詞時，後面接名詞，做形容詞語尾用，如：高高「的」樹上，結滿了累累「的」龍眼。

「的」為代名詞時，做代稱用，如：你有你「的」人生要過，我有我「的」前途要顧。

「的」為語助詞時，做決定性的語助詞用，放在標點符號之前，如：考試作弊的人，是最令人瞧不起「的」。

「得」放在動詞後面時，如：老師說妳的字寫「得」很工整、很好看。

「得」放在動詞後面，再接續表示動作效果的詞，如：拿到生日禮物時，弟弟高興「得」合不攏嘴。

「得」放在動詞後面，做助動詞用，如：做人做事要拿「得」起，也要能放「得」下，才能成大器。

「得」為動詞時，表示「獲得」的意思，如：這次田徑比賽勇奪冠軍，真是「得」來不易。

「得」為副詞時，表示「應該」的意思，如：你「得」聽老師的話，下次考試成績才會進步。

介詞的起止與方向

介詞的起止與方向

介詞是用在名詞、代名詞或詞組前面，合起來表示動作、行為的起止、方向、時間、處所、對象、物件、目的等的詞語；如：從、到、在、向、把、被、關於、比、按、為。介詞後面不能加「著、了、過」和表示趨向的詞，也不能重疊。它的類別分為：

表示對象和關係的：把、被、對。如：這件事「跟」他無關。

表示處所和方向的：在、從、向。如：李老師來「自」台南。

表示時間的：自、到、臨。如：等「到」明天我就可以放假出國了。

表示狀態和方式的：用、以、根據。如：他游泳習慣「用」仰式。

表示原因的：由於、因為、因。如：「由於」塞車，我才會遲到。

表示目的的：為、為了、為著。如：小張「為」何沒有來上課？

表示比較的：比、跟、同。如：這個學期的段考成績，我考得「比」他好。

表示排除的：除、除了。如：這個房間「除了」我，還有爸爸和媽媽。

有些介詞只能用在名詞和名詞性詞組之前，有些介詞可以用在動詞和動詞性詞組，或主謂詞組之前。如：（黑體字為介詞）

他們**在**學校的操場上打籃球呢！（名詞）

這是他**臨**走前留下來的東西。（動詞）

他**把**做研究和演練算數學當作一種休息。（動賓詞組）

一開始，人們**對於**他能完成這項任務，都抱持懷疑的態度。（主謂詞組）

介詞的主要語法功能是組成介賓詞組（也稱為介詞結構）做狀語，其次是介賓詞組加「的」做定語，有的介賓詞組可做補語。

現代漢語的介詞大都由古代漢語的動詞虛化而來。學習介詞時，必須注意介詞與動詞之間的區別。如下列句子中的「在」和「到」，分別是動詞和介詞：

他一個人安靜的坐**在**教室呢！（動詞）

他**在**教室裡面看書呢！（介詞）

他人已經**到**東京去了。（動詞）

他**到**峇里島渡假去了。（介詞）

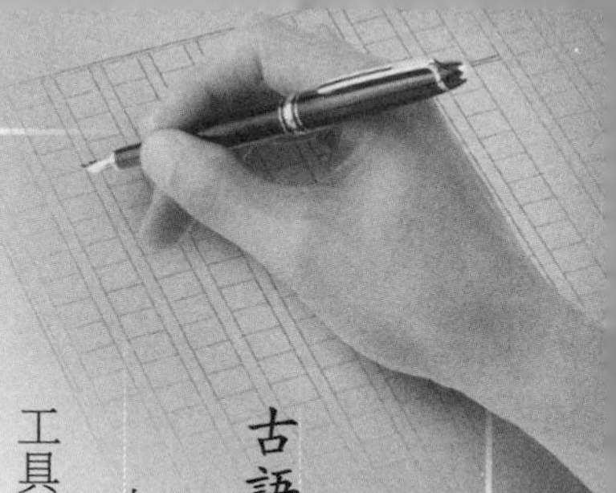

古語中的介詞（黑體字爲介詞）

古代漢語常用的介詞有：於、以、與、為、乎等。介詞可以用來引進動作行為的處所、時間、工具、憑藉、原因、目的、對象以及與行為有關的人、事、物。

◎引進動作、行為發生的處所、方位，常用在於、乎、向。可解釋為在、從、到、向。如：

《三國志・赤壁之戰》：亮見權**於**柴桑……。（在）

《王安石・遊褒禪山記》：唐浮圖慧褒始舍**於**其址。而卒葬之……所以。（在）

《柳宗元・捕蛇者說》：叫囂**乎**東西，隳突**乎**南北……。（到）

《論語・先進》：浴**乎**沂，風**乎**舞雩，詠而歸。（在）（到）

《蘇軾・石鐘山記》：余方心動欲還，而大聲發**於**水上……。（從）

《史記・鴻門宴》：項王、項伯東**向**坐……。（面向）

《唐順之・信陵君竊符救趙論》：請數公子行日，以至晉鄙軍之日，北**鄉**自剄，以送公子！（向、面向）

◎引進動作、行為發生的時間，常用在於、乎、及、比及、方、當，可解釋為在、從、到。

如：

《李漁．芙蕖》：是我**於**花之未開，先享無窮逸致矣。（在）

《韓愈．師說》：生**乎**吾前，其聞道也，固先**乎**吾，吾從而師之……。（在）

《孟子．齊桓晉文之事》：**及**陷於罪，然后從而刑之，是罔民也。（等到）

《子路．曾皙．冉有．公西華侍坐》：求也為之，**比及**三年，可使民足。（等到）

《王安石．遊褒禪山記》：**方**是時，吾之力尚足以入，火尚足以明也。（在）

《方苞．獄中雜記》：**方**夜中，生人與死者并踵頂而……。（在）

《張溥．五人墓碑記》：蓋**當**蓼洲周公之被逮，激於義而死焉者也。（在）

《史記．鴻門宴》：**當**是時，項羽兵四十萬，在新豐鴻門……。（在）

◎引進動作、行為的工具、方式或憑藉，常用在以、用、因，可解釋為拿、用、憑、按照。

如：

《孟子．齊桓晉文之事》：何可廢也，**以**羊易之。（用）

《史記．廉頗藺相如列傳》：今**以**秦之強而先割十五都予趙，趙豈敢留璧而得罪於大王乎？（憑）

《左丘明．殽之戰》：釋左驂，**以**公命贈孟子明。（用）

《史記·廉頗藺相如列傳》：廉頗聞之，肉袒負荊，**因**賓客至藺相如門謝罪……。（憑，由）

《三國志·赤壁之戰》：余船**以**次俱進。（按照）

《三國志·隆中對》：益州險塞，沃野千里，天府之土，高祖**因**以成帝業。（憑）

《賈誼·過秦論》：然後踐華為城，**因**河為池，據億丈之城，臨不測之淵以為固。（利用）

《張溥·五人墓碑記》：是時，**以**大中丞撫吳者為魏之私人……。（以……職銜）

《文天祥·指南錄》後序：翌日，**以**資政殿學士行。（以……身分）

《全祖望·梅花嶺記》：吾尚未有子，汝當**以**同姓為吾後……。（憑……關係）

作文老師的叮嚀

介詞是虛詞，它的功能是負責把名詞或代名詞推薦給形容詞或動詞，然後再將二者聯繫起來，介詞具有動詞性質，卻扮演次要動詞的角色，多半出現在名詞前面，不能單獨使用；因此，介詞的後面多半是名詞或代名詞。其公式可以列為：動詞（形容詞）＋介詞＋名詞（代名詞）。（粗體字為介詞）

生**於**（介詞）憂患，死**於**（介詞）安樂。

他終於飛（動詞）**到**（介詞）美國（名詞）省親。

張惠妹來（動詞）**自**（介詞）台東（名詞）。

山上的楓葉**在**（介詞）秋季（名詞）轉紅。

這整件事**跟**（介詞）他（代名詞）無關。

我每個星期天下午都要**替**（介詞）張奶奶看家（片語）。

弟弟終於**把**（介詞）作文（名詞）寫完了。

每天早上媽媽**為**（介詞）我煮飯（片語）。

HB

使人嘖嘖稱奇的歎詞

使人嘖嘖稱奇的歎詞

歎詞是表示感歎、歡樂、驚訝、醒覺、呼喚、憤怒、斥責、應答的語詞，又可稱為感歎詞或驚歎詞；是一種不參與句子組織的特殊詞類，本身能獨自成立或獨立成句，不同於一般虛詞的組合；歎詞夾在句子中，可充當名詞、動詞或形容詞使用。因為沒有確切的詞彙意義和語法意義，在句中的位置較為靈活；歎詞的讀音與一般音節有所不同，像「啊」不唸輕聲，唸重聲；語氣助詞也只唸輕聲。如：

啊 哎 哼 喂 哦 嘿 唉 咳 嗨 喝 呵 喏 噯 呸 噢 唔 嗯 呢 吔 呀 哩 哦 唄 唷 啦 喔 喲

咦 噢 嗎 嘛 嘩 嘔 囉 嘿嘿 嘖嘖 哎呀 哈哈

不同的歎詞可以表達不同的感情和情緒。如：（黑體字為歎詞）

表達得意、高興、歡樂。如：**哈哈**，我終於中了樂透彩的頭獎啦！

表示懊惱、嘆息、哀傷。如：**咳**，經濟不景氣的日子，要人怎麼過呀！

表示讚歎。如：**嘖嘖**，你這紙黏土的馬兒捏得可真好呀！
表示驚訝。如：**哎喲**，我的車子怎麼突然間熄火了！
表示不同意、埋怨、申斥。如：**哎呀**，你這到底是怎麼搞的？
表示輕蔑、不滿、氣憤。如：**呸**，你才是那種不講情理、不顧道義的人呢！
表示省悟、領會。如：**啊**，我終於明白這究竟是怎麼一回事了！

利用句首歎詞構成的感歎句

◎表示驚訝或讚歎：

哦！我還以為是誰來了，原來是陶復邦。
啊！就是那個人，他叫許毅源。
哇！這真是有生以來，我拿過最棒的生日禮物。
咦！馮拍雄，你怎麼也跟著來了。
啊！孫家柱，好久不見了，近來好嗎？

◎表示感傷或痛惜：

唉！她人生的悲劇就從選錯科系開始。

哎！大會考總算過去了，終於可以讓我鬆一口氣了。

哎呀！這一次的校際舞會你沒參加真是可惜。

唉！我也沒料到這一件事情會演變成這麼嚴重，真的很對不起。

唉！果真人算不如天算，這一次的考試我又慘敗了。

◎表示歡樂或嘲諷：

啊哈！你不認識那個叫朱磊的同學，真是遜啊！

哈！在學校，同學們都叫我購物達人！

嘖！嘖！像你這樣的消費方式，縱使你爸爸是個億萬富翁，也會被你坐吃山空。

哈！哈！哈！他剛才講的笑話，快笑死我了。

喲呵！等了一星期，今天終於放晴了，明天的畢業旅行一定也會是個好天氣。

◎表示憤怒或鄙斥：

呸！原來是你這個雜碎偷了同學的錢包，難怪一直坐著不說話。

呸！你還有膽來找我，難道你已忘記先前自己撂下的狠話嗎？

哼！這有甚麼了不起的，你會做的事我也會；可是我會的，你不一定會。

啐！這種傷天害理惡整人的事，我是做不來的。

呸！她真還以為利用她爸爸的權勢，就會得到老師的器重，真是瞎！

◎表示呼問或應諾

哦！我還以為是甚麼大不了的事，原來是這麼一回事。

啊！陶復華，你終於出院了，恭喜。

喂！你到底去不去替班隊做賽前練習加油？

呶！你這個星期的零用錢在這，不要隨便亂花，知道嗎？

嗯！你說的話很有道理，就照你講的意思去做好了。

利用句末歎詞構成的感歎句

照你這樣說，那麼，從今以後咱們不要再見面了吧！

當兵有啥好害怕的，你難道沒聽說過男兒當自強啊！

如果依照你的計劃表去做，根本是不可能完成的嘛！

你走路這麼慢，甚麼時候才能走到，我要先走一步囉！

這年頭的生意實在難做，經濟景氣是越來越糟、越來越壞了呢！

妳不要再一直抱怨了啦！我看妳自己也好不到哪裡去啊！

利用句首歎詞、句末助詞構成的感歎句

唉呀！你不就是那個名滿全校的救美英雄嗎？好久不見了。

荷！以我的經驗看來，你的生意應該做得不錯才對。

噢噫！汪娟娟，妳快點過來，看看是誰來家裡了呀！

看哪！他又換了一雙新的球鞋，到處炫耀。

妳走快一點嘛！海角七號已經要開始上演了。

我想這一題數學應該是這樣解才對吧！不然你再去問別人看看。

只用驚嘆號表示的感嘆句

我一時為之驚愕不已，不知道老師手上的成績單到底會是甚麼情況！

在北海道旅行，那片廣漠的草原，不禁使我感歎那是一種何等壯闊的生命！

說了半天，我才恍然大悟，原來妳要結婚了！

過去我對你照顧有加，沒想到，你竟然會用這麼惡毒的方式對待我！

對不起！這種無理的要求，我是絕對不會答應的！

你走！你走！從今以後我再也不想見到你這張醜陋的臉！

古文中的歎詞（黑體字為歎詞）

古代漢語中常用的歎詞有：者、也、矣、焉、耳、哉、乎、邪（耶）、與（歟）、夫、為、嗚呼、嗟乎、兮、噫、呵、唉、呀、那等。

《趙氏孤兒大報仇．第三折》：屠岸賈云：「**咄**！你這匹夫！你怎瞞的過我？你和公孫杵臼往日無仇，近日無冤，你因何告他藏著趙氏孤兒？你敢是知情嗎？說的是，萬事全休；說的不是，令人！磨的劍快，先殺了這個匹夫者！」（咄，歎詞）

《莊子．大宗師篇》：予桑戶、孟子反、予琴張三人相與友。曰：「孰能相與於無相與，相為於無相為？孰能登天遊霧，撓挑無極；相忘以生，無折終窮？」三人相視而笑，莫逆於心，遂相與友。莫然有閒，而予桑戶死。未葬，孔子聞之，使子貢往待事焉。或編曲，或鼓琴，相和而歌曰：「**嗟來**，桑戶**乎**！**嗟來**，桑戶**乎**！而已反其真，而我猶為人猗！」子貢趨而進，曰：「敢問臨尸而歌，禮乎？」二人相視而笑，曰：「是惡知禮意？」（嗟來、嗟乎，歎詞；乎、歎詞）

《梧桐雨．第四折》：妃子**呵**！常記得千秋節華清宮宴樂，七夕會長生殿乞巧。誓願學連理

枝、比翼鳥；誰想妳乘綵鳳，返丹霄，命夭！（「呵，歎詞）

《流星》：至是，老者仰天長歎曰：「**噫**！少年之時光**乎**，再來！再來！**噫**！父**乎**！父**乎**！當父以兩途之說語我也，我實處兩途之歧點。今則深墜於幽洞之極底，雖欲返至歧點而另入善途，不可得**矣**。」（噫、乎、矣，歎詞）

《李陵・答蘇武書》：夜不能寐，側耳遠聽，胡笳互動，牧馬悲鳴，吟嘯成群，邊聲四起。晨坐聽之，不覺淚下。**嗟乎**子卿！陵獨何心，能不悲哉！（嗟乎，歎詞）

《孔叢子獲麟歌》：唐虞世兮麟鳳遊，今非其時來何求？麟兮麟**兮**我心憂。（兮，歎詞）

《西廂記・琴心》：月兒！你於我分上，不能早些出來**呵**？……琴**呵**！小生與足下湖海相隨，今日大功，都只在你身上。天**那**！你於我分上，怎生借得一陣輕風，將小生這琴聲，送到我那小姐的玉琢成、粉捏就、知音俊俏的耳朵裡去。（呵、那，歎詞）

《琵琶記・糟糠自厭》：糠**那**！你遭砦被舂杵，篩你，簸揚你，吃盡控持；好似奴家身狼狽，千辛萬苦皆經歷？（那，歎詞）

《梁啟超・論毅力》：吾黨**乎**！吾黨**乎**！當知古今天下，無有無阻力之事。苟其畏阻力也，則勿如勿辦，竟放棄其責任，以與齊民伍。（乎，歎詞）

作文老師的叮嚀

寫作時，你未必能夠清楚的運用歎詞加強語氣，但平日說話時，你一定經常使用它。假如某一天你不小心被同學撞擊，你的反應必然是：「哎喲，你撞得我的胸口好疼呀！嘿！你走路是不用眼睛看的嗎？」

歎詞是用來表示人們感歎、呼喚和應答聲音的語詞，用在作文時，可以加強句子的表情、情緒和動作。

某日，上自然課時。

老師：「地球每天都繞著太陽在運轉，因為轉速慢，所以生活在上面的人類完全感覺不到。」

小新：「咦？怎麼我爸爸卻常常感覺到地球在『天旋地轉』呢？」

老師：「哦？是嗎？你爸爸是怎麼感覺到的呢？」

小新：「嗯，每當他應酬喝酒回家時，就會在家門口感覺到。」

老師：「噢，是這樣！」

這一段老師和小新的對話，是不是用了不少歎詞！

HB

因為連詞所以連接詞

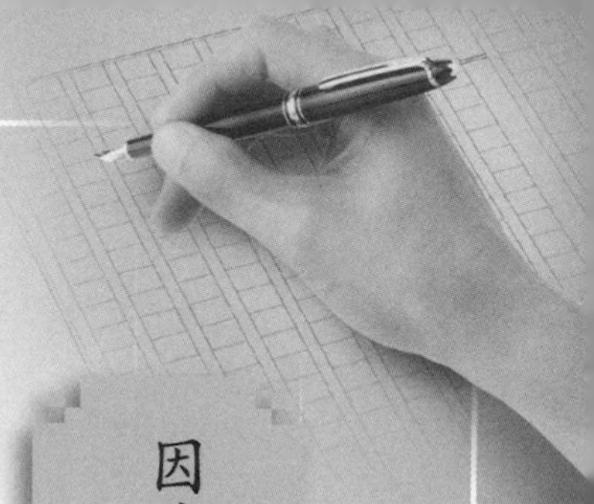

因爲連詞所以連接詞

連詞又稱為連結詞，是寫作時用來連接詞、詞組或句子，表示某種關係的語詞，又可分為「表示聯合關係的」和「表示偏正關係的」兩大類。換言之，當一個句子中，包含有兩個以上的「子句」，而這些「子句」和「子句」中間，即需要使用連接詞相連接，就好比火車的車廂和車廂之間使用的連接器一樣，緊密而細緻的把兩節車廂穩穩的結合在一起。

連接詞是各種複合句結構的形式標誌，適當的使用連接詞，可以使句子的組織更加嚴密，詞意更加完整，進而增強文章的意義和邏輯效果。基本上，寫論說文時比較需要連接詞來增強文章的說理性。如：和、或者、並且、因為、所以、雖然、但是、因此、即使等都是。

連接詞的特徵只能起連接作用，不能起修飾作用或補充作用，也不能用來回答問題或充當句子成分使用，它只可和連詞或副詞相呼應，產生關聯作用。

寫作常用的連接詞和轉折詞

或 而 並 和 及 當 不過 不但 不論 不管 以便 以免 以及 只要 只有 由於 由是 因此
因而 因為 而且 並且 況且 何況 或者 免得 所以 如果 但是 除非 接著 後來 然而
然後 與其 寧可 再說 即使 那麼 雖然 儘管 省得 無論 既然

連接詞可替換的同義詞

比如：比方、譬如、例如、好比。

只管：儘管。

因此：所以、是以、因而、於是。

因為：由於。

寧可：寧肯、寧願、情願。

但是：不過、可是、然而。

所以：是以、因此、因而。

卻：正好、反倒、但是。

原由：起因、因由、原故、原因、緣故。

就是：便是、即是。

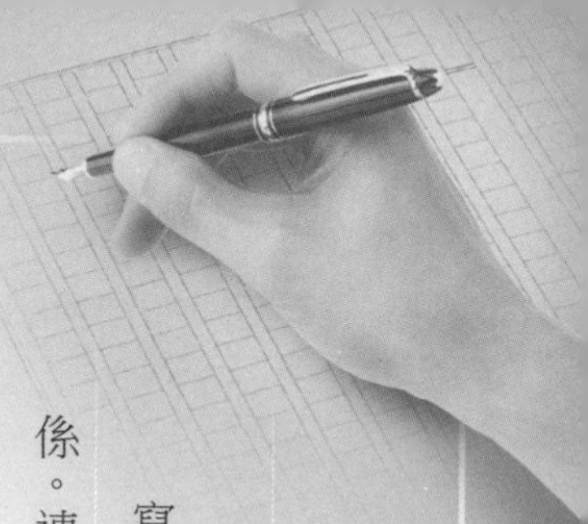

寫作時學習連詞的使用，一方面要注意連詞所連接的對象，另一方面更要注意連詞所表示的關係。連詞只具有連接句子與句子的作用，無法拿來當修飾用。如：和、跟、同、與等詞的連詞用法和介詞用法，以及連詞和有關聯作用的副詞之間，必須清楚的區別。

「和」的連詞用法：他的品德**和**學問都受到好評。

「和」的介詞用法：我想**和**你一起玩，不想**和**他玩。

古語中的連詞（黑體字爲連詞）

表示並列關係的連詞，常用的有：與、及、且、以、而、既……亦（且）……、非……抑……、而且、不僅……而且……等。如：（黑體字為連詞）

《韓愈．師說》：彼**與**彼年相若也，道相似也，位卑則足羞，官盛則近諛。（和）

《王安石．遊褒禪山記》：夫夷**以**近則遊者眾，險**以**遠則至者少。（而且）

《詩經．伐檀》：河水清**且**漣猗。（又……又……）

《袁枚．遊黃山記》：而有奇若此，前未一探，茲遊**快**愧矣！（且又……又……）

《孫武．謀攻》：三軍**既**惑**且**疑，則諸侯之難至矣，是所謂亂軍引勝。（既……又）

◎以上的連詞所連接的前後兩項各為一個詞。

《蘇洵．六國論》：夫六國**與**秦皆諸侯，其勢弱於秦，而猶有可以不賂而勝之之勢。（和）

《史記．鴻門宴》：故遣將守關者，備他盜之出入**與**非常也。（和）

《史記．廉頗藺相如列傳》：秦王大喜，傳以示美人**及**左右，左右皆呼萬歲。（和）

《三國志．赤壁之戰》：戰士還者**及**關羽水軍精甲萬人……。（和）

《史記．荊軻刺秦王》：今有一言，可以解燕趙之患**而**報將軍之仇者，何如？（又）

◎以上連詞所連接的前後兩項，或一項或兩項均為短語。

《李漁．芙蕖》：有風**既**作飄搖之態，無風亦呈裊娜之姿，是我於花之未開，先享無窮逸致矣。

◎以上連詞「既……亦……」可譯為「既……又……」；它所連接的後兩項是兩個分句。

表示承關係的連詞，常用的有：且、而、則、即、然則、然後等，可解釋為：並且、而且、於是、就等。「然則」本是兩個詞，可以合成為一個連詞，「然」是「這樣」的意思，「則」是「那

麼」的意思；另外，現代學生們最常使用的「然後」，也是由兩個詞合來的，與今義同。以下古文中的連詞即為這種現象，如：

《三國志・赤壁之戰》：肅宣權旨，論天事勢，致殷勤之下意。**且**問備曰：「豫州今欲何至？」（並且）

《荀子・勸學篇》：君子博學**而**日參省乎己，則知明而行無過矣。（而且）（就）

《史記・鴻門宴》：項王曰：「賜之彘肩。」**則**與之一生彘肩。（就）

《史記・陳涉世家》：且壯士不死即已，死**即**留大名耳……。（便）（就）

《蘇洵・六國論》：**然則**諸侯之地有限，暴秦之欲無厭，奉之彌繁，侵之愈急，故不戰而弱勝負已判矣。（既然如此，那麼）

《孟子・齊桓晉文之事》：權，**然後**知輕重；度，**然後**知長短；物皆然，心為甚，王請度之！

表示選擇關係的連詞，常用的有：抑、如、其，可解釋為：還是、或者等。另外，與其……不如……、寧……，可視具體情況靈活運用。如：

《林覺民・與妻訣別書》：吾能之乎？**抑**汝能之乎？（還是）

《孟子・齊桓晉文之事》：為肥甘不足於口與？輕暖不足於體與？**抑**為采色不足視於目與？（還是）

《全祖望．梅花嶺記》：先生在兵間，審知故揚州閣部史公果死耶，**抑**未死耶？（還是）

《子路．曾晳．冉有．公西華侍坐》：方六七十，**如**五六十，求也為之，比及三年，可使足民。

（或者）

《韓愈．馬說》：嗚呼！**其**真無馬邪？**其**真不知馬也！

「其……其……」可解釋為「是……還是……」，這裡的「其」字不可誤做代名詞用。

表示選擇的連詞，常見的尚有：與其……不如……、與其……孰若……、與其……毋寧……等。使用時，必須注意它們與前者的不同，所以又稱捨取復句。如：

《徐珂．馮婉貞》：與其坐而亡，**孰若**起而拯之？（不如）

《林覺民．與妻訣別書》：**與**使吾先死也，**無寧**汝先吾而死。（與其）（不如）

《史記．魯仲連鄒陽列傳》：**與**人刃我，**寧**自刃。（與其）（寧可）

◎以上的連詞作用，是否定前一種情況，再肯定後一種情況。

《史記．廉頗藺相如列傳》：均之二策，**寧**許以負秦曲。（寧可）

《林覺民．與妻訣別書》：吾先死留苦與汝，吾心不忍，故**寧**請汝先死，吾擔悲也。（寧可）

◎以上的連詞作用，是肯定前一種情況，再否定後一種情況。

作文老師的叮嚀

寫作時，學生在文句中出現最多的連接詞是，因為……所以、雖然……但是、並且和然後；其中又以然後的使用率最為頻繁，常常在一篇約四百個字的文章裡會出現許多次。這是因為對於連接詞沒有深刻的瞭解與認識，才會不斷濫用。

連詞的定義是使用連詞，用以連接兩個平行的語法成分，或邏輯關係的虛詞，包括詞與詞、結構與結構、分句與分句，而表達出兩者之間的關係。它的語法特徵是：無法單獨使用，只能將詞、句子或段落連接起來，表示它們之間並列、承接、遞進、選擇、轉折、因果、平行、推論、比較、假設等的關係。如：

連接「詞」：友情「和」愛情、張三「同」李四、姊姊「與」弟弟、白雪公主「或」白馬王子。

連接「句子」：哥哥「不但」聰明「而且」很用功、「與其」坐以待斃「不如」另謀生路。

連接「段落」：「若夫……」、「然而……」、「因此……」。如：

《孟子．梁惠王》中所言：「七十者衣帛食肉，黎民不飢不寒，然而不王者，未之有也。」其中，「然」總結和承接上文「七十者衣帛食，黎民不飢不寒」的情形，「而」則引出下文的轉折，意思是說，能做到「七十者衣帛食，黎民不飢不寒」這種情況，卻還不能夠匡正天下，是還沒有的事呀！

連詞既是用來連接兩個以上的詞語、句子或段落，然而，卻經常讓人難以辨別它和介詞之間的分別。簡單的說，連詞的上下詞語，詞性相同；介詞的下面一個詞語，其詞性大都為名詞或者代名詞。不過，連詞的上下詞也可連接名詞或代名詞。

* HB *

形形色色的合成詞

形形色色的合成詞

合成詞指的是由兩個以上的語素構成的詞。可分為下列幾種結構：聯合式、偏正式、主謂式、動賓式、補充式、重疊式、附加式。如：腎結石的「腎」和「結石」為主謂型，與「結石」的「結」和「石」為動賓型，即有二層的結構。

聯合式：組成的語素意義相同、相近、相反或相關。如：

上下 手足 父母 兄弟 左右 江山 攻擊 皇后 美麗 宮殿 國家 超越 管理

偏正式：前個語素限制或修飾後個語素，詞的意義用後一個語素為主，而前一個語素只起附加作用，前為偏，後為正。如：

好心 雨天 春天 狠心 科學 郊遊 書包 校園 偷襲 蔗糖 學校 橡膠 籃球

主謂式：前一個語素表示被陳述的事物，後一個語素表示陳述的情況。如：

土崩 冬至 民主 地震 沙塵暴 海嘯

動賓式：前一個語素表示動作、行為，後一個語素表示動作、行為所支配的對象。詞的前部分通常是動詞，後部分是名詞，也可以是動詞或形容詞。如：

司法 行政 走路 起步 參軍 游水 開心 傷心 趕路

補充式：後一個語素補充說明前一個語素，詞的意義以前一個語素為主。前部分是述語，只能是動詞或名詞，後部分是補語，通常是動詞、形容詞或狀態詞。如：

花朵 車輛 書本 紙張 馬匹 推動 說服 趕走

重疊式：由相同的語素重疊組成，又可分為完全重疊式和不完全重疊式兩種。完全重疊式如：

天天 光光 囡囡 坐坐 快快 走走 乖乖 奶奶 夜夜 姐姐 洗洗 看看 苦苦
剛剛 停停 婆婆 甜甜 細細 僅僅 媽媽 爺爺 慢慢 輕輕 澀澀 鹹鹹 聽聽

重疊的合成詞和單一語素的意義相同，如「姐姐」和「姐」的意義相同。但如「猩猩」一詞則不屬於這一類合成詞，因為「猩」的單字無意，所以「猩猩」是單純詞，而非合成詞。

再如，形形色色、林林總總、生生世世、三三兩兩，其中的「形、色、林、總、生、世、三、兩」都是語素，但「形色」、「林總」、「生世」、「三兩」等不重疊的形式非詞。這和大部分形容詞的重疊形式，如「清清白白」、「簡簡單單」不同。

不完全重疊式，如：

毛毛雨　毛毛蟲　泡泡糖　娘娘腔　碎碎唸（為偏正型，即把重疊部分視為修飾成分。）

雄赳赳　氣呼呼　醉醺醺　光溜溜　油滋滋（為後附加式，即把重疊部分視為後綴。）

附加式：加上前綴或後綴的詞，前綴與後綴為不自由語素。可分為前加式與後加式。如：

前加式（前綴加詞根）：

老：老鄉　老師　老鼠　老爸　老虎　老外　老大　老爸　老娘　老土　老孫　老家

第：第一　第二　第三　第四　第五　第六　第七　第八　第九　第十

阿：阿公　阿婕　阿毛　阿貓　阿狗　阿伯　阿婆　阿寶　阿叔　阿飛　阿嬤　阿姨

可：可人　可口　可以　可怕　可喜　可悲　可惡　可貴　可觀　可疑　可愛　可憐

反：反對　反彈　反映　反駁　反觀　反抗　反擊　反覆　反常　反射　反悔　反撲

後加式（詞根加後綴）：

子：刀子 兒子 男子 女子 瓶子 胖子 孩子 桌子 椅子 孫子 猴子 獅子

頭：石頭 片頭 毛頭 個頭 木頭 山頭 枕頭 軍頭 甜頭 苦頭 骨頭 褲頭

兒：月兒 花兒 個兒 那兒 魚兒 歌兒 淚兒 鳥兒 男兒 棄兒 頭兒 話兒

性：水性 感性 彈性 硬性 軟性 理性 活性 惰性 脾性 耐性 急性 血性

家：人家 出家 作家 親家 冤家 理家 娘家 頭家 新家 全家 逃家 翹家

作文老師的叮嚀

由兩個或兩個以上，一為小到不能再分割；一為有意義的語素所組成的詞，稱為「合成詞」。合成詞多數是由兩個語素構成，兩個以上的語素構成的為少數。可以這樣說，現代漢語詞彙中，合成詞占了絕大多數。如：

修好 父母 你我 紅花 唱歌 抓緊 舊書 複習 好壞 布鞋 治安 邋遢 疙瘩 紅茶

國產 風流 反正 拖鞋 花紙 窈窕 倜儻 幫助 日蝕 恐怕 蜻蜓 跑步

若以現行國語詞彙中，含有合成詞和詞組相當多的「打」字來說，以「打」字開頭的詞彙，量多豐富、詞義生動，且具耐久的生命力。劉半農先生曾搜集有約八千多條「打」字頭的詞例。

「打」字是通俗白話所使用的詞語，最早的起源出現在漢朝《蒼頡篇》：「椎，打物也。」及《服虔通俗文》：「撞出曰打。」「打」字的本義約有三十餘種解釋，如：敲擊（打人）、鬥毆（打架）、拿取（打水）、製作（打鐵）、舉而持之（打傘）、購買（打票）、編織（打毛衣）、捕捉（打魚）、建築（打牆）、猜測（打謎語）、振奮（打起精神）、起稿（打草稿）、發撥（打電話）、捆紮（打包）、注射（打針）、塗抹（打蠟）、立定（打基礎）、計算（打算）、摔破（把碗給打破）、掀或揭（打開書本）、壓或按（打個手模）、玩（打得火熱）、賭（打麻將）、表示某種特定動作的發生（打噴嚏）、某些動作或做為的代稱（打哈欠）、當助動詞（打掃）、做介詞用（打哪兒來？）、做牽連之詞用（東壁打西壁）、做量詞（一打）、姓（打先生）等。

若以「打」字＋名詞→合成動詞（動賓結構）的合成詞即有：

打票　打魚　打車　打船　打菜　打飯　打油　打更　打柴　打酒　打針　打包　打鋪　打傘

打燈　打胎　打工　打水　打火　打烊　打趣　打屁　打躬　打道　打混　打歌　打滾兒

打轉兒　打夥兒　打比方　打商量　打招呼　打哈哈　打哈欠　打噴嚏　打哆嗦　打寒噤
打頭陣　打冷顫　打官司　打官腔　打圓場　打天下　打主意　打通關　打秋風　打舌花
打交道　打瞌睡　打照面　打邊鼓　打對台　打謎語　打廣告　打悶棍　打光棍　打死老虎
打花胡哨　打翻身仗　打退堂鼓　打勤勞兒　打悶葫蘆　打大頭腦　打馬虎眼

若以「打」字＋名詞→合成名詞（偏正結構）的合成詞即有：

打手　打本　打碑　打行　打春　打鬼　打馬　打耗　打毬　打彄　打錢　打反　打七　打扦
打桶　打醮　打牌　打麥　打令　打蔟　打瓦　打齋　打灰堆　打夜狐　打袯袯　打天狗
打髀殖　打天九　打水鼓　打瓜子　打虎跳　打麻將　打雪仗　打埃塵　打草穀　打擺子
打十三　打牙祭　打醋炭　打秋千　打茶圍　打家賊　打寒脾　打正快　打棗竿

若以「打」字＋動詞或形容詞→合成動詞（附加結構）的合成詞即有：

打住　打劫　打岔　打坐　打扮　打斷　打黏　打量　打試　打探　打診　打疊　打聽　打睡
打發　打印　打算　打博　打迸　打鬥　打和　打合　打勾　打攪　打消　打問　打踅　打揲
打獵　打掙　打掃　打仰　打當　打點　打動　打賭　打滾　打渾　打混　打撈　打磨　打躬

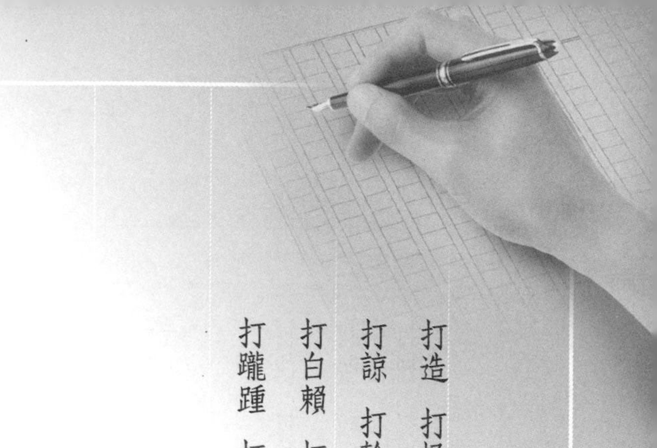

打造 打怪 打勘 打跳 打定 打通 打請 打換 打挾 打熬 打抹 打擾 打揑 打拴

打諒 打幹 打破 打化 打吵 打到 打招 打脫 打跌 打鳴 打奪 打撇 打選 打鬨

打白賴 打失驚 打把欄 打折扣 打游擊 打搶跪 打破網 打靠後 打倒褪 打滑躂

打躘踵 打破記錄 打抱不平 打起精神 打撒手兒

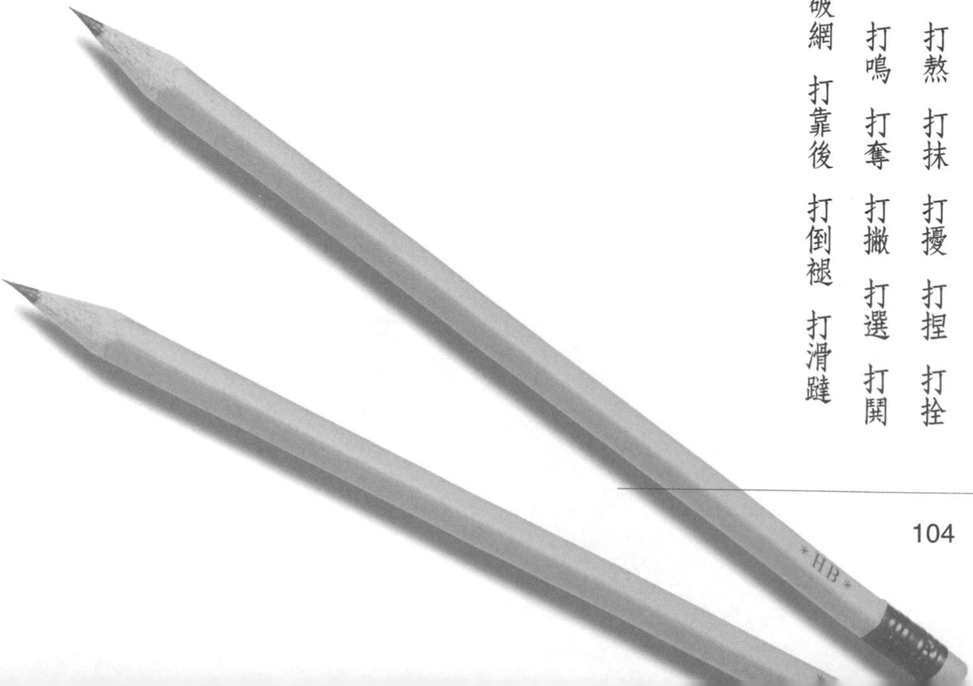

噹噹、蕭蕭、嘩嘩的狀聲詞

噹噹、蕭蕭、嘩嘩的狀聲詞

狀聲詞又稱象聲詞，或叫摹聲詞、擬聲詞，是摹擬人、事、物或自然界聲音的一種詞彙。如：嘩啦、叮噹、轟隆、啪、滴達、通、啪啪、砰等。在漢語中，它只被當成是音標符號來使用，用來表示聲音，和字義無關；狀聲詞可以做多種句子成分，有時也可單獨成句。

狀聲詞與副詞、形容詞、歎詞有不少相似之處，但它既不屬於形容詞，也不應列入歎詞，更不能被劃入副詞之中。漢語中有大量豐富的狀聲詞，它是漢語中一個既不屬於實詞，也不屬於虛詞，但卻具有自己獨特語法的特殊詞類。

狀聲詞是類比事物聲音或描寫情態的詞，如：「嘩啦嘩啦」的雨聲、「叮噹」的鈴聲、「呼呼」的風聲、「汪汪」的狗叫聲、「喵喵」的貓叫聲、「咩咩」的羊叫聲、「哞哞」的牛叫聲、「呱呱」的青蛙叫聲、「嘎嘎」的鴨叫聲、「嘰裡咕嚕」的說話聲、「呼哧」的喘息聲等。

其中，用來形容人的感歎聲的詞，如：啊！呀！唉！喔！等，則不能被當成狀聲詞使用。

狀聲詞可以單獨成句，也可以做狀語、定語、謂語、補語等使用，如：

劈哩啪啦的鞭炮聲在街上響成一片熱鬧的氣氛。（單獨成句）

李德田家後院的老母雞**咯咯**地叫個不停。（狀語）

下課後，教室裡傳來陣陣**哈哈**的笑聲。（定語）

入冬後冷風**嗖嗖**的叫個沒停。（謂語）

夏日的河水淌得**嘩嘩**響的。（補語）

狀聲詞的類別

一、定型的：

這類狀聲詞大都從古代沿用下來，為雙音節的音詞，它的書寫形式和所代表的聲音都比較固定，無需一定的語言環境也能知道它模擬的是甚麼聲音。如：咚咚、潺潺，瑯瑯、蕭蕭、霍霍、啾啾、颯颯、瑟瑟、颼颼等。

二、非定型化的：

這類狀聲詞大都是由寫作人為了模擬某種聲音，便根據表達者的需要而摹擬表達出來的，它的

語音形式和書寫形式都不夠固定，同樣聲音，不同的人表達出來的聲音或書寫出來的字形，差異很大。如：砰、豁啷、嘩啦、叮噹、哇啦、咚咚、啦、嘰哩咕嚕、叮鈴噹啷等。

狀聲詞的語法功能（黑體字為狀聲詞）

1.主要做狀語，修飾謂語動詞使用：

床邊桌上的鬧鐘**滴答滴答**地響個不停，仍無法吵醒他。

昨夜春雨**嘩啦嘩啦**地下著，柏油路面一遍溼答答的。

茫茫無邊的大海，**滾滾滔滔**，一浪高似一浪，撞上礁石。

2.做定語使用：

巷子口傳來**咕咚咕咚**的腳步聲，不知是不是父親回來了？

她站在河畔聆聽**潺潺**的流水聲。

千年老樹的腐葉在腳下**沙沙**響著；風兒在林梢**颯颯**吹著，樹上的蜜蜂**嚶嚶**地哼著；啄木鳥在樹幹上不停**篤篤**地敲著。

3.做謂語或謂語的中心語使用：

小船輕輕划過碧潭，船兩邊的水流發出**嘩嘩嘩**的聲音。

小新被老師罵了幾句，鼻孔**哼哼**兩聲，把眼淚往肚裡吞。

4.做補語使用：

班上幾個女同學坐在操場聊天，聊到盡興處竟情不自禁地**咯咯咯**笑出聲來。

上電腦課時，教室傳來**噠噠噠噠**的打字聲。

5.做主語使用：

吳水晶被媽媽罵了半天後，**哼哼**兩聲就往屋外跑去。

咚咚嗆的鑼鼓聲喧天叫響。

6.做獨詞獨句使用（與歎詞相似）：

「**砰！**」地一聲，一塊大石頭從山坡地滾了下來。

「**咚！咚！咚！**」門外傳來急促的敲門聲。

狀聲詞：（各類聲音的形容詞）

丁丁（伐木聲）
乒乒（敲玻璃聲）
叭叭（喇叭聲）
布穀（鳥叫聲）
吁吁（喘息聲）
哈哈（笑聲）
吆喝（街上小販的叫賣聲）
吱吱（蟲鳥、鼠叫聲）
吱吱喳喳（群鳥吵叫聲）
吱喳（鳥叫聲）
沙沙（走在落葉上的聲音）
汪汪（狗吠聲）
咕咕（鳥鳴聲）
咕嚕（餓肚子的叫聲）

呻吟（生病痛苦的低吟聲）
呷呷（鴨的叫聲）
呼呼（風聲）
呼嚕（打鼾聲）
呱呱（鴨子、青蛙的響亮叫聲）
呢喃（鳥鳴聲）
析析（撥草聲）
泠泠（聲音清妙遠揚）
呦呦（鹿鳴聲）
哇哇（小孩的哭叫聲）
哄堂大笑（群眾的集體笑聲）
咯格（母雞叫聲）
咯噔（皮鞋的響聲）
習習（風聲）
咻咻咻（風聲）
咩咩（羊叫聲）

咿呦（鹿鳴聲）
咿咿啞啞（話說不停的聲音）
咿啞（小孩學語聲、划槳聲）
突突（心跳聲）
哞哞（牛叫聲）
唧唧（織布機的聲音、蟲叫聲）
格格（鳥拍擊翅膀聲）
珠珠珠（餵雞的叫聲）
砰—（碰撞聲）
啪啦（東西掉落破碎的聲音）
啞啞（烏鴉叫聲）
啁啾（蟲鳥叫聲）
淙淙（水流聲）
淅淅（雨聲）
淅瀝（雨聲）
朗朗（讀書聲）

唼唼（吃東西的聲音）
唼喋（水鳥或魚類吃食的聲）
喧嘩（形容眾人吵雜聲）
喃喃（低聲說話的聲音）
嘶嘶（馬叫聲）
啾啾（鳥鳴、猿叫、鬼哭嚎）
啾啾啾（小雞叫聲）
聒聒（鴨叫聲）
間關（鳥鳴聲）
隆隆（火車啟動聲）
喵喵（貓叫聲）
琤琤（琴聲）
嗚嗚（汽笛聲）
嗤嗤（人在蘆葦中走動所發出的聲音）
嗡嗡（蚊子或蜜蜂震動翅膀聲）
碰碰（物體碰撞聲）

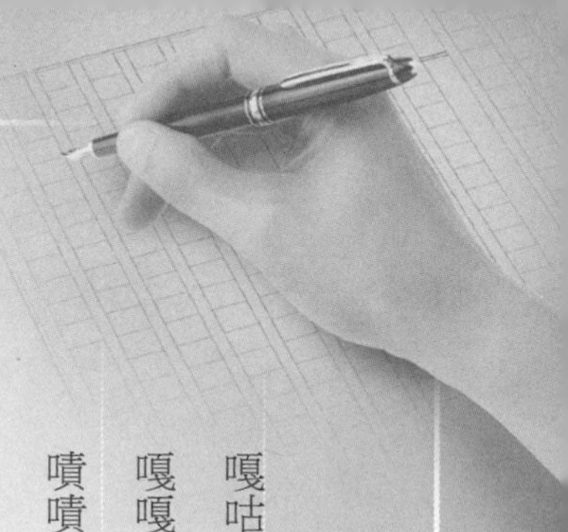

嘎咕（鳥鳴聲）
嘎嘎（鳥鳴聲）
嘖嘖（稱讚聲）
颯颯（風聲）
喊喊喳喳（許多人說話的吵嚷聲）
嘓嘓（蛙鳴）
劈劈啪啪（鞭炮聲）
嘩啦啦（下雨聲）
嘶嘶（馬鳴聲）
嘰—（煞車、輪胎磨地聲）
撲通撲通（心跳聲）
潺潺（水流聲）
鈴鈴（鐘聲）
噹噹（敲鐘聲）
蕭颯（風聲）
蕭蕭（風聲）

霍霍（磨刀聲）
噠噠噠（機關槍聲）
窸窸窣窣（聲音細碎而又斷續）
簌簌（細碎不斷的聲音，如風聲）
濺濺（水流聲）
轆轆（餓肚子的叫聲）
瀟瀟（風聲）
瀝瀝（雨聲）
鏗然（聲音堅實有力）
鏗鏘（金屬碰擊聲）
颼颼（風聲）
嚶嚶（禽鳥和鳴的聲音）
轟然（突然發作的巨大聲響）
轟隆（火車啟動聲）
轟隆隆（打雷聲）
霹靂（雷聲）

狀聲成語：（形容聲音的成語）

出谷黃鶯 扣人心弦 弦外之音 河東獅吼 波濤洶湧 空谷回音 風聲鶴唳 浩浩蕩蕩 動人心魄
悠揚長遠 喋喋不休 痛哭流涕 黃沙滾滾 傾盆大雨 潑婦罵街 磨刀霍霍 聲嘶力竭 翻江倒海
竊竊私語 驚濤拍岸

古語中的狀聲詞（黑體字爲狀聲詞）

《詩經．周南．關雎》**關關**雎鳩，在河之洲。（形容鳥鳴聲）

《詩經．召南．草蟲》**喓喓**草蟲。（形容蟲聲）

《詩經．王風．大車》大車**檻檻**，大車**啍啍**。（形容車聲）

《詩經．鄭風．有女同車》將翱將翔，佩玉**將將**。（形容玉佩相擊聲）

《詩經．鄭風．風雨》風雨**淒淒**，雞鳴**喈喈**、風雨**瀟瀟**，雞鳴**膠膠**。（形容風雨聲和雞鳴聲）

《詩經．齊風．雞鳴》蟲飛**薨薨**。（形容蟲聲）

《詩經．秦風．車鄰》有車**鄰鄰**。（形容車聲）

《詩經．小雅．鹿鳴》**呦呦**鹿鳴。（形容鹿鳴聲）

《詩經・小雅・伐木》伐木**丁丁**，鳥鳴**嚶嚶**、伐木**許許**。（形容伐木聲和鳥鳴聲）

《詩經・小雅・鴻雁》鴻雁于飛，肅肅其羽、鴻雁于飛，哀鳴**嗷嗷**。（形容鳥哀鳴聲）

《詩經・小雅・桑扈》**交交**桑扈，有鶯其羽。（形容鳥鳴聲）

《詩經・小雅・鼓鐘》鼓鐘**將將**，鼓鐘**喈喈**，鼓鐘**欽欽**。（形容鐘鼓聲）

《詩經・大雅・鳳凰于飛》鳳凰于飛，**翽翽**其羽。（形容鳥飛的聲音）

《詩經・大雅・蒸民》四牡**彭彭**，八鸞**鏘鏘**。（形容鳥鳴聲）

《白居易・琵琶行》大絃**嘈嘈**如急雨，小絃**切切**如私語，**嘈嘈切切**錯雜彈，大珠小珠落玉盤。我聞琵琶已嘆息，又聞此語重**唧唧**！（形容彈奏琵琶聲）

《北朝民歌・木蘭詞》**唧唧**復**唧唧**，木蘭當戶織，但聞黃河流水鳴**濺濺**，但聞燕山胡騎聲**啾啾**。（形容蟲聲及織布機聲）

《古詩十九首之一》纖纖擢素手，**札札**弄機杼。（形容操作織布機聲）

《庖丁解牛》**砉然**向然，**奏**刀馬**砉然**，莫不中音。（刀割物聲）

《文選・禰衡・鸚鵡賦》采采麗容，**咬咬**好音。（形容鳥鳴聲）

《南朝梁・宗懍・荊楚歲時記》有鳥如烏，先雞而鳴，**架架格格**。（形容鳥鳴聲）

《唐・白居易・燕示劉叟詩》四兒日夜長，索食聲**孜孜**。（形容鳥鳴聲）

《杜甫・江畔獨步尋花七絕句七首之六》留連戲蝶時時舞，自在嬌鶯**恰恰**啼。（形容鳥鳴聲）

《水滸傳・第七回》正在那喧鬨，只聽得門外老鴉**哇哇**的叫。（形容鳥鳴聲）

《唐・王維・黃雀痴詩》到大**啁啾**解遊颺，各自東西南北飛。（形容鳥鳴聲）

《唐・韓愈・幽懷詩》**間關**林中鳥，亦知和為音。（形容鳥鳴聲）

《唐・儲光羲・射雉詞》遙聞**咿喔**聲，時見雙飛起。（形容鳥鳴聲）

《老殘遊記・第一回》那閣子旁邊風聲**呼呼**價響，彷彿閣子都要搖動似的。（形容風聲）

《元・白樸・梧桐雨・第一折》悄悄蹙蹙款把紗窗映，**撲撲簌簌**風颭珠簾影。（形容風聲）

《史記・卷八十六・刺客傳・荊軻傳》風**蕭蕭**兮易水寒，壯士一去兮不復還。（形容風聲）

《宋・韓琦・春霖詩》樓迥昏昏霧，窗寒**霎霎**風。（形容風聲）

《宋・蘇軾・渚宮詩》沙泉半涸草堂在，破窗無紙風**颼颼**。（形容風聲）

《南朝宋・鮑照・野鵝賦》風**梢梢**而過樹，月蒼蒼而照臺。（形容風聲）

《後漢書・卷八十四・列女傳・董祀妻傳》**翩翩**吹我衣，**肅肅**入我耳。（形容風聲）

《唐・李商隱・無題詩》**颯颯**東風細雨來，芙蓉塘外有輕雷。（形容風聲）

《唐・李頎・聽安萬善吹觱篥歌》枯桑老柏寒**颼飀**，九雛鳴鳳亂**啾啾**。（形容風聲和鳥聲）

《莊子・秋水》今子**蓬蓬然**，起於北海。**蓬蓬然**，入於南海，而似無有，何也？（形容風聲）

《宋・蘇軾》彈琴石室中，幽響清**磔磔**。（形容琴聲）

《元・楊訥・西遊記・第六齣》**咿咿嗚嗚**吹竹管，**撲撲通通**打牛皮。（形容竹管聲和鼓聲）

《元．關漢卿．蝴蝶夢．第二折》**撲咚咚**階下升衙鼓，諕的我手忙腳亂。（形容鼓聲）

《詩經．小雅》鼓鐘**將將**，淮水**湯湯**。（形容鐘鼓聲和流水聲）

《後漢書．卷六十上．馬融傳》**鍠鍠鎗鎗**，奏於農郊大路之衢。（形容鐘鼓聲）

《唐．劉禹錫》玉柱**琤瑽**韻，金觥霅凸稜。（形容彈撥弦樂所發的聲音）

《唐．孟郊．聽琴詩》前溪忽調琴，隔林寒**琤琤**。（形容彈撥弦樂所發的聲音）

《唐．許渾．聽琵琶詩》欲寫明妃萬里情，紫槽紅撥夜**丁丁**。（形容樂器彈奏的聲音）

《唐．杜牧．阿房宮賦》管絃**嘔啞**，多於市人之言語。（形容管樂聲）

《荀子．富國》鐘鼓**喤喤**，管磬**瑲瑲**。（形容鐘鼓聲和音樂聲）

《晉．陸機．鼓吹賦》鼓**砰砰**以輕投，簫**嘈嘈**而微吟。（形容敲門、槍炮、擊鼓等聲音）

《宋．歐陽修．秋聲賦》**淒淒切切**，呼號憤發。（形容聲音悲切）

《唐．李賀．塘上行詩》飛下雌鴛鴦，塘水聲**溘溘**。（形容水聲）

《宋．陸游．魚池將涸車水注之詩》清波**溜溜**入新渠，鄰曲來觀樂有餘。（形容水聲）

《文選．王延壽．魯靈光殿賦》動滴瀝以成響，殷雷應其若驚。（形容水滴落聲）

作文老師的叮嚀

狀聲詞有兩類：一類是根據人、事、物所發出的聲音，忠實的記錄下來，而不把聲音做有意義的表示。如：形容鳥叫聲的「吱喳」、風聲的「蕭蕭」、車聲的「轆轆」、磨刀聲的「霍霍」。另一類是根據人、事、物所發出的聲音，做真實的記錄，並把聲音情感化，如：聽滿院蟬鳴，看凌霄翠竹，婆娑搖曳。遠處泉聲淙淙，耳際松濤颯颯，偶爾傳來幾聲山鳥清啼，這是一曲旋律詭變，令人百聽不厭的交響樂章。

漢語中形容各類聲音的文字極多，寫作時運用這些豐富的狀聲詞去形容和描述聲音的狀態，易於使文章好讀，讓文意更具生命力。如：

時鐘的狀聲詞：滴答、噹、噹、噹。

嬰兒笑的狀聲詞：咯咯、咕咕。

嬰兒哭的狀聲詞：哇哇。

嬰兒學語的狀聲詞：啞啞。

雨和雷的狀聲詞：唰唰、轟轟。

火車進站的狀聲詞：轟隆轟隆。

腳步的狀聲詞：嚓嚓。

鳥叫的狀聲詞：啁啾、吱喳、關關、不如歸去（杜鵑的）、啾啾、咕咕、嚶嚶。
開門的狀聲詞：呀、喀拉。
打破玻璃的狀聲詞：框啷。
按鍵盤的狀聲詞：嗒嗒。
馬叫的狀聲詞：嘶嘶。
風的狀聲詞：呼呼、颯颯、蕭蕭、颼颼。
雨的狀聲詞：嘩啦嘩啦。
流水的狀聲詞：淙淙、涓涓、溘溘、滴滴答答、潺潺、噗鼕、瀧瀧、泠泠、濺濺、嘩啦、嘩嘩。
讀書或金石相擊的狀聲詞：朗朗。
鳥飛起拍擊翅膀的聲音、笑聲：格格。
箭或炮竹發射的狀聲詞：咻咻、霹靂啪啦。
飲水的狀聲詞：咕嚕。
老鼠叫的狀聲詞：吱吱。
伐木的狀聲詞：丁丁。

光以〈木蘭詞〉來看：「唧唧」復「唧唧」（表現機杼聲）、但聞燕山胡騎聲「啾啾」（表現馬嘶的聲音）、但聞黃河流水聲「濺濺」（表現流水的聲音）。讀文如聞聲一般，在在表現出作者使用狀聲詞來形容所見所感的事物，而讓文章豐富了起來。再看岳飛的〈滿江紅〉：怒髮衝冠，憑欄處，「瀟瀟」雨歇抬望眼。（表現下雨的聲音），這「瀟瀟」二字則充分表現出作者滿腹委屈的心境。

狀聲詞運用得當，不僅讓文章活潑，境界也會更深遠，如張仲素的〈秋夜曲〉：丁丁漏水夜何長，漫漫輕雲露月光。「丁丁」為狀聲詞，「漫漫」為狀形詞，兩相襯映，將秋夜的秋聲秋色表露無遺，寫來生動不已。

* HB *

水汪汪和卓越的形容詞

水汪汪和卓越的形容詞

形容詞是表示人或事物的形狀、性質或者動作、行為、發展變化的狀態的詞，用來修飾名詞的詞類，並做為彰顯被修飾的名詞的特徵，形容詞本身可以被副詞所修飾，像「大」字若以副詞「非常」來修飾就變成「非常大」，其他名詞，如表示性質的小、長、短等或表示狀態的迅速、緩慢、平和、愉快等都可以如此被副詞「非常」來形容。

另一方面，有些人認為名詞所有格也是一種形容詞，而有時名詞也會如同形容詞般地用來修飾別的名詞。

從意義上看，形容詞主要有兩種：一、性質形容詞，如：高、小、對、壞、方、勇敢、重要等。二、狀態形容詞，如：迅速、緩慢、平和、愉快、平坦等。

形容詞的生動形式，也稱狀態形容詞，表示狀態，不受「不」和「很」等程度副詞修飾。如：各種重疊式及雪白、通紅、筆直等；另外，非謂形容詞，也稱區別詞，有區別事物的作用，只能做定語或跟「的」組合。如：粉、唯一、小型、初等，都有各自的語法特點，亦即是說，形容詞的語法特徵為：

1、形容詞可以接受大部分副詞的修飾，如：很紅、很棒、十分漂亮、非常開心。

2、多數形容詞可以重疊，表示程度加深，如：長長的、紅紅的、細細的、漂漂亮亮、快快樂樂。

3、大多數形容詞都能接受否定副詞「不」、「很」和程度副詞的修飾。

4、不能帶賓語。

5、經常做定語、謂語，少數可做狀語、補語。

形容詞既是用來形容人、事、物的形態和特徵，如形容人的眼睛，我們會用水汪汪的或圓圓的來說明。形容景色美麗，會用嫵媚的或亮麗的來描述。形容人物，會用卓越的或魁梧的來敘述。

使用形容詞，無非是要讓語氣更明顯，文章的語意更活潑。

描述狀態的形容詞

了了：清楚分明的樣子。

冉冉：行進緩慢的樣子。

行行：剛強的樣子。

汲汲：不休息的樣子。

忡忡：憂慮的樣子。

芊芊：草木茂盛的樣子。

依依：流連不忍離去的樣子。

奄奄：氣息微弱的樣子。

怡然：喜悅的樣子。

欣欣然：高興喜悅的樣子。

沾沾：欣喜的樣子。

泛泛：膚淺的樣子。

亭亭：直立的樣子。

恍然：明白的樣子。

洋洋：得意的樣子。

徐徐：緩慢的樣子。

晏如：安然自得的樣子。

栩栩：活生生的樣子。

泰然：安適自得的樣子。

盎然：盛大的樣子。

茸茸：動植物細毛叢生的樣子。

婆娑：舞蹈的樣子。

悠悠：閒靜不與人爭的樣子。

悠然：悠閒的樣子。

悻悻然：忿恨不平的樣子。

戚戚：憂慮的樣子。

淡然：不在意的樣子。

累累：數量多或次數多的樣子。

營營：追逐求取的樣子。

陶然：高興的樣子。

喟然：長聲嘆息的樣子。
漠悶悶：心情不開朗的樣子。
惶惶：內心不安的樣子。
揚揚：意氣飛揚的樣子。
貿然：輕率的樣子。
酣然：熟睡的樣子。
楚楚：鮮明的樣子。
楞楞：模糊不清的樣子。
裊裊：繚繞的樣子。
寥寥：稀少的樣子。
睽睽：張目注視的樣子。
翩翩：行動輕快的樣子。
蔚然：茂盛的樣子。
歷歷：清楚分明的樣子。
蕭然：空蕩蕩的樣子。
曖曖：光輝暗藏的樣子。

濕漉漉：濕透的樣子。
漫漫：無邊無際感受的樣子。
豁然：開通的樣子。
龐然：巨大的樣子。
蹶然：奮力猛起的樣子。
蠢蠢：騷亂的樣子。
躍躍：心情激動的樣子。
驀然：不經心的樣子。
黯然：失意的樣子。
纍纍：繁多、重積的樣子。
儼然：整齊的樣子。
鬱鬱：心情不開朗的樣子。

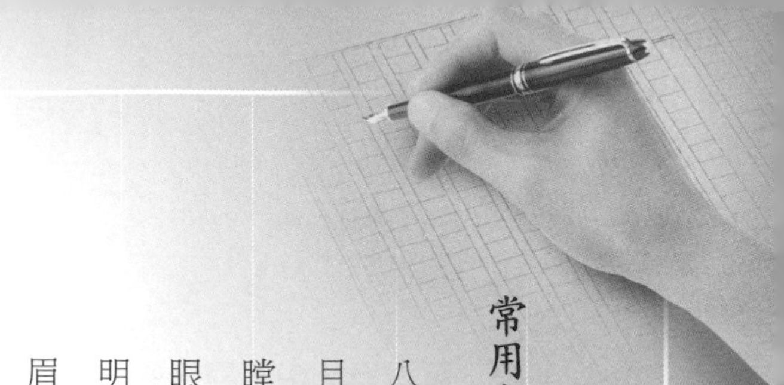

常用來描寫人物長相、模樣的形容詞

八字宮眉　火眼金睛　巧舌如簧　巧笑倩兮　左顧右盼　目不轉睛　目不暇接　目光如豆　目光和藹
目光炯炯　目光深邃　目光慈祥　目光灼人　目空一切　目若懸珠　目瞪口呆　目眥盡裂　怒目而視
瞠目結舌　尖嘴猴腮　朱唇皓齒　死氣沈沈　耳帶珠翠　肌如白雪　舌敝唇焦　佈滿皺紋　含情脈脈
眼如秋水　形容枯槁　扭歪了臉　沉魚落雁　兩耳垂肩　兩鬢染霜　兩頰緋紅　兩邊披分　呆頭呆腦
明眸皓齒　油頭粉面　芙蓉如面　青面獠牙　咬牙切齒　炯炯發光　眉目如畫　眉目傳情　眉如春山
眉如柳葉　眉如掃帚　眉飛色舞　眉如翠羽　眉清目秀　濃眉大眼　眉開眼笑　紅光滿面　面不改色
面目可憎　面目有光　面有赧色　面有菜色　面若銀盤　面無人色　面黃肌瘦　面紅耳赤　風采堂堂
哭喪著臉　唇如朱砂　唇似綻桃　唇紅齒白　唇槍舌劍　容光煥發　氣宇軒昂　烏黑眸子　神采飛揚
笑靨動人　粉臉含春　淡掃蛾眉　眼閃秋波　笨嘴拙舌　笨頭笨腦　油光水滑　羞紅了臉　唇如激丹
閉月羞花　揚眉吐氣　喜上眉梢　黑裡透紅　塗脂抹粉　愁眉不展　蛾眉皓齒　蛾眉螓首　鳩形鵠面
滿面春風　滿面紅光　滿頭銀髮　滿臉笑容　滿臉雀斑　滿臉皺紋　獐頭鼠目　精神抖擻　鼻如玉蔥
鼻若懸膽　鼻青臉腫　鼻歪臉腫　吹鬍捋鬚　蓬頭垢面　蓬頭散髮　齒危髮秀　齒如列貝　齒落髮斑
濃妝艷抹　頭暈眼花　頭髮烏黑　茸茸短髮　烏黑光潔　擠眉弄眼　嘴如櫻桃　嘴歪眼斜　嘴尖牙利
唇如胭脂　臉帶稚氣　雙眉緊蹙　雞皮鶴髮　眉如新月　鶴髮童顏　齜牙咧嘴　耳帶翠環　鬢如銀霜

鬢角花白　鬢髮斑白

常用來描寫人的情緒變化的形容詞

七孔生煙　七竅生煙　大發雷霆　心平氣和　心灰意冷　心事重重　心花怒放　心曠神怡　手舞足蹈
平心靜氣　老羞成怒　沾沾自喜　勃然大怒　垂頭喪氣　忐忑不安　怒不可遏　怒火中燒　怒氣沖沖
怒氣衝天　怒髮衝冠　眉飛色舞　眉開眼笑　面紅耳赤　破涕為笑　笑容可掬　笑逐顏開　悠然自得
喜上眉梢　喜不自勝　喜出望外　喜形於色　喜氣洋洋　喜笑顏開　喜極而泣　悲從中來　悲喜交集
悶悶不樂　悶聲不響　提心吊膽　愁眉不展　愁眉苦臉　愁腸百結　落落寡歡　誠惶誠恐　暴跳如雷
戰戰兢兢　興高采烈　聲淚俱下　變幻莫測　顰眉蹙額　鬱鬱寡歡

◎和寂寞有關的形容詞

孤獨的　孤單的　空洞的　寂寞的　無依靠的　被拒絕的　拋棄的　被排除的　被忽略的　冷落斷絕的
獨自一人的

◎和悲傷有關的形容詞

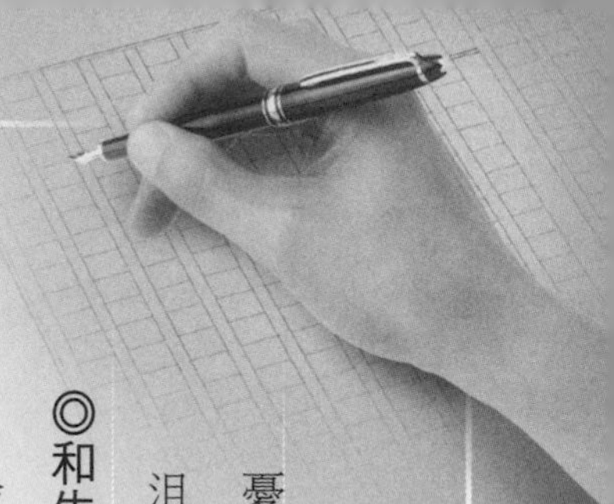

憂鬱的 沉重的 低落的 心情不好的 苦悶的 哀傷的 疲憊的 意志消沉的 痛苦的 氣餒的

沮喪的 麻煩的

◎和生氣有關的形容詞

發火的 極怒的 氣憤的 震怒的 冒犯的 被激怒的 惱怒的 焦躁的 有敵意的 煩躁的 憎惡的

厭煩的

◎和快樂有關的形容詞

愉快的 滿足的 感動的 興高采烈的 愉悅的 喜悅的 狂喜的 驚喜的 欣喜的 滿意的 歡喜的

高興的

◎和愛情有關的形容詞

關心的 甜蜜的 溫柔的 夢想的 摯愛的 有感情的 敏感的 神聖的 迷人的 溫暖的 強烈的

溫和的

◎和難為情有關的形容詞

困窘的 不舒服的 焦慮的 浮躁的 狼狽的 丟臉的 困擾的 不名譽的 慌亂的 羞辱的 受打擊的

內向的

常用來描寫景色變化的形容詞

◎二字部

心胸　心情　心境　仙境　仰望　光顧　壯麗　快慰　秀美　享受　明淨　明燦　欣賞　青翠　幽靜　恬靜

流連　風景　俯視　峰巒　浩淼　胸懷　清爽　蔥鬱　清靜　眺望　陶醉　鳥瞰　富麗　愉快　絢爛　開闊

遊覽　寧靜　寧謐　暢快　盡興　碧綠　遠望　遠眺　嬌艷　凝眸　凝視　遼闊　險峻　環視　環顧　縹緲

豁然　隱約　瀏覽　襟懷　霧霜　觀賞

◎四字部

人頭鑽動　人山人海　山明水秀　山高水長　山清水秀　川流不息　水碧山青　水清沙幼　水明如鏡

水天一色　大飽眼福　天清氣朗　古木蔽天　五光十色　千姿百態　白帆漁歌　心曠神怡　心旌搖動

目不暇接　引人入勝　布局合理　匠心獨運　曲徑通幽　樹影婆娑　碧海青天　風和日麗　百花爭妍

依山傍水　奇山異水　枝葉扶疏　花團錦簇　青山綠水　美不勝收　景色如畫　海天一色　重疊連綿

風光明媚　風光旖旎　高聳入雲　崇山峻嶺　連雲疊嶂　鳥語花香　剩水殘山　景色秀麗　景色鮮明

湖光山色　雄偉壯麗　煥然一新　萬象更新　碧海青天　碧草如茵　橙黃橘綠　沁人心脾　俯視四周

雲霧繚繞　映入眼簾　賞心悅目　嘆為觀止　巧奪天工　鬼斧神工　別有洞天　峰巒疊嶂　拾級而上

魚貫而入 盤旋而上 遊人如織 流連忘返 依依不捨 滿載而歸 興獲未盡 詩情畫意 繁榮興旺

高樓林立 紅牆碧瓦 雕樑畫棟 層林盡染 青翠欲滴 幽香陣陣 玲瓏剔透 車水馬龍 摩肩接踵

熙熙攘攘 別有情趣 凝眸觀賞 嘖嘖稱讚 形態各異 爭奇鬥艷 蒼松翠柏 松濤陣陣 鬱鬱葱葱

饒有興趣 遊興正酣 登高遠望 極目遠眺 低頭鳥瞰 氣勢磅礴 錯落有致 巍峨壯麗 金碧輝煌

雲橫天際 鱗次櫛比 軾舟蕩漾 綠草如茵 美不勝收 飄飄欲仙 氣勢雄偉 深山古剎 詩興大發

眼花撩亂 漁舟唱晚 煙波浩淼 煙霧籠罩 雲海翻騰 若隱若現 錦繡河山

作文老師的叮嚀

疊字形容詞造句：

白茫茫：山腳下長了一片白茫茫的蘆葦花。

白花花：眼前擺放著一堆白花花的鈔票，他仍不為所動。

白皚皚：玉山山頂鋪滿了一片白皚皚的雪。

冰涼涼：炎炎夏日泡在冰涼涼的泳池裡是一大享受。

病懨懨：黃健佑一副病懨懨的樣子到學校來。

胖嘟嘟：張家小弟弟長得胖嘟嘟的，真可愛。

毛茸茸：李博文特別喜歡毛茸茸的玩具。
慢吞吞：黃伯崴走路向來慢吞吞的，怎麼也走不快。
頂呱呱：黃騰皓的課業和體育兩者都頂呱呱，令人羨慕不已。
坦蕩蕩：爸爸做人做事一向坦蕩蕩的，從不擔心人家說閒話。
鬧烘烘：市場裡面鬧烘烘的叫賣聲，此起彼落，好不熱鬧。
暖洋洋：冬天海邊的太陽晒起來暖洋洋的。
樂陶陶：新年佳節全家人樂陶陶的團聚在一起。
亂糟糟：陳國華的房間經常亂糟糟的，人稱狗窩。
光禿禿：黃國綸的爸爸頭上光禿禿的，一根毛髮都沒有。
空蕩蕩：爸爸新買的房子空蕩蕩的，甚麼家具都還沒搬進去。
黃澄澄：這顆橘子黃澄澄的，看起來一定很好吃。
紅撲撲：妹妹的臉頰紅撲撲的，好像一顆蘋果。
假惺惺：蘇一倫是個假惺惺的人，對人故作殷勤。
氣沖沖：老師氣沖沖的從辦公室走來，二話不說打了吳宗烈一巴掌。
笑盈盈：小甜甜常常露出一副笑盈盈的臉龐，真討喜。
響噹噹：陶復邦的爸爸是一位響噹噹的人物。

水汪汪：汪茜茜有一雙水汪汪的大眼睛。

熱滾滾：孫一美喜歡喝熱滾滾的紅豆湯。

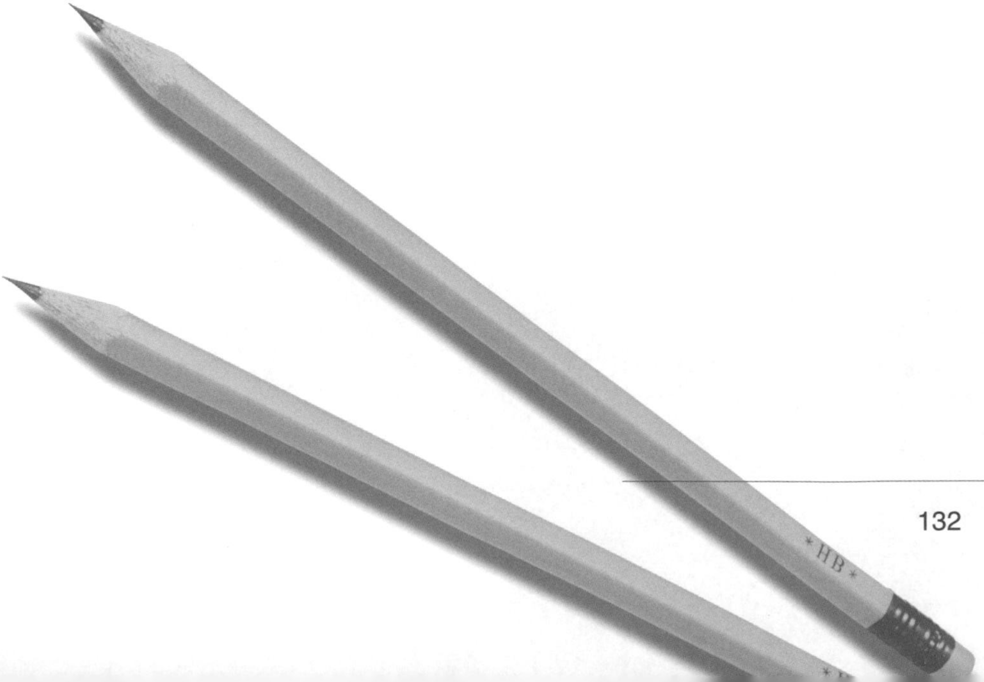

幸虧曾經有副詞做補語

幸虧曾經有副詞做補語

副詞是用在動詞、形容詞或主謂詞組前面做狀語，表示程度、時間、範圍、語氣、否定、頻率、情態等的詞。類別則有表示程度的、表示範圍的、表示時間的、表示頻率的、表示否定的、表示語氣的。如：很、太、最、都、僅僅、一律、正、剛、已、逐漸、屢次、再三、未、沒有、別、豈、難道、何妨等。

副詞的特徵除了是用在對動詞的動作、行為或形容詞，以及整個句子的性質、狀態等給予修飾、限制的詞，並做補語之外，不做修飾名詞用，大都不能單獨回答問題，部分副詞可起關聯作用。

從意義上看，副詞的主要類型

程度副詞：很、極、挺、太、怪、好、最、更、頂、更加、非常、十分、格外、極其、越加、相當、稍、稍稍、稍微、略、略微、較、比較、分外、有點兒、有些、差不多、過於。

時間副詞：剛、剛剛、曾經、已、已經、將、將要、立刻、馬上、頓時、從來、一直、一向、隨時、偶爾、忽然、常常、就、正在、剛剛、永遠、早晚、原來、預先、起初、當即、立即、暫且、剛才、趕快、將要、永久、幾時。

範圍副詞：都、全、共、總共、一共、統統、一齊、一道、一概、淨、只、僅、僅僅、就、光、單、全部、全然、凡是、儘管、只好、唯獨、大半、獨自。

語氣副詞：卻、倒、幸虧、多虧、也許、大約、居然、究竟、偏偏、索性、果真、果然、敢情、難道、何嘗。

頻率副詞：再、又、還、也。

情貌副詞：突然、欣然、恍然、依然、漸漸、順便、恰好、正好、果然、仍然、依舊、忽然、原來、偶然、居然、逐漸、趕緊。

否定副詞：不、沒、沒有、別、甭、一定。

古語中的副詞

古語中的副詞一般可分為程度副詞、範圍副詞、時間副詞、語氣情態副詞、否定副詞、敬謙副詞和指代副詞等七類。

表示程度的副詞常用的有：極、甚、至、殊、絕、頗、良等，用白話來說則為：很、非常、最等；還有如：益、彌、愈，用白話來說則為：更加、越發；還有稍、少、略、微，表示程度輕微，可根據上下文靈活看出副詞的地位：（黑體字為副詞）

《聊齋誌異．促織》：以簡水灌之，始出，狀**極**俊健。（非常）

《蘇洵．六國論》：子孫視之不**甚**惜，舉以予人，如棄草芥。（很）

《賈誼．過秦論》：履至**絕**尊而制六合……（最）

《史記．廉頗藺相如列傳》：今君與廉頗同列，廉君宣惡言，而君畏匿之，恐懼**殊**甚。（太）

《魏學洢．核舟記》：佛印**絕**類彌勒，袒胸露乳，矯首昂視，神情與蘇黃不屬。（非常）

《文天祥．指南錄》後序：初至北營，抗辭慷慨，上下**頗**驚動，北亦未敢遽輕吾國。（很）

《白居易．琵琶行》：感我此言良久立，坐促弦弦轉急。（很）

《杜牧．阿房宮賦》：獨夫之心，日**益**驕固。（更加）

《蘇洵・六國論》：然則諸侯之地有限，暴秦之欲無厭，奉之**彌**繁，侵之**愈**急。（越）（越發）

《宋濂・送東陽馬生序》：錄畢，走送之，不敢**稍**逾約。（稍微）

《張溥・五人墓碑記》：斷頭置城上，顏色不**少**變。（稍微）

《黃宗羲・柳敬亭》：敬亭喪失其資**略**盡。（差不多）

《歐陽脩・賣油翁》：見其發矢十中八九，但**微**頷之。（微微）

副詞中，表示範圍用的有：直、特、但、第、唯、僅，用白話解釋為：只、僅僅；還有悉、咸、皆、率、舉、俱，用白話解釋為：全，都；還有鮮，用白話解釋為少；還有并，可解釋為一、同時；還有啻，常與不字連用，不啻可解釋為不止，不僅、不亞於等。如：

《孟子・莊暴見孟子》：寡人非能好先王之樂也，**直**好世俗之樂耳。（只）

《史記・廉頗藺相如列傳》：相如度秦王**特**以詐佯為予趙城……（只）

《文天祥・指南錄》後序：**但**欲求死，不復顧利害。（只）

《高啟・書博雞者事》：**第**為上者不能不察，使匹攘袂群　以伸其憤……（只是）

《徐宏祖・雁蕩山》：原其理，當是為谷中水沖激，沙土盡去，**唯**巨石巋然挺立耳。（只有）

《洪亮吉・治平篇》：以十人而居屋十間，食田一頃，吾知其居**僅僅**足，食亦**僅僅**足也。（只不過）

《史記・廉頗藺相如列傳》：趙王**悉**召群臣議……（全）

《梁啟超・譚嗣同傳》：京朝人人**咸**知懋勤殿之事……（都）

《聊齋誌異・促織》：故天子一跬步，**皆**注關民命，不可忽也。（全）

《蘇洵・六國論》：六國互喪，**率**賂秦耶？（全都是）

《史記・廉頗藺相如列傳》：臣頭今與璧**俱**碎於柱矣！（一同）

《方苞・獄中雜記》：又隆冬，貧者席地而，春氣動，**鮮**不疫矣。（少）

《聊齋誌異・促織》：撫臣、令尹，**并**受促織恩。（同時）

《聊齋誌異・促織》：雖連城拱不**啻**也。（止）

作文老師的叮嚀

副詞最重要的語法特點，除了少數副詞能作補語之外，如：有意思極了、好得很，一般只能做狀語用，修飾動詞、形容詞或者修飾整個句子。有些副詞則還有關聯作用，連詞和有連接作用的副詞與詞組便統稱為關聯詞語。

以副詞修飾的句子，舉例來說：一隻**非常**小的蟲**輕易地**鑽進了那個洞穴裡。其中「非常」和「輕易地」即為副詞。

我**比較**喜愛你家的小花貓。其中「比較」即為副詞。

大哥**終於**去了圖書館還書。其中「終於」即為副詞。

弟弟年紀小，昨天晚上**又**一次尿床了。其中「又」即為副詞。

雄哥**忽然**打電話約我出門。其中「忽然」即為副詞。

昨天晚上出糗的事就**別**再提了。其中「別」即為副詞。

HB

畢竟和虛實的合義複詞與合聲複詞

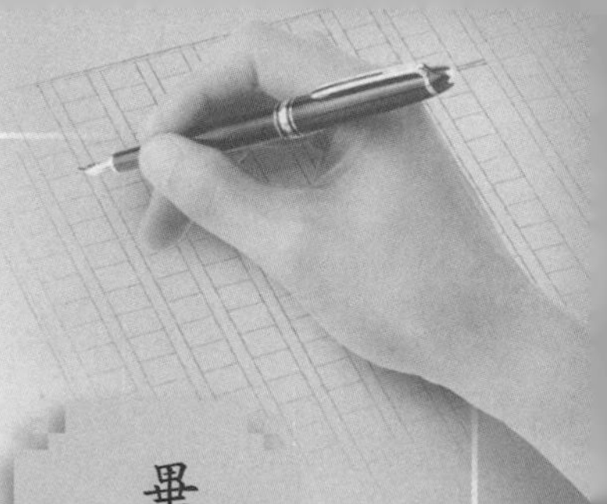

畢竟和虛實的合義複詞與合聲複詞

在漢字用詞的文法中，因為意義相同或相異而組合在一起，兩個字以上的詞語，被稱為「衍義複詞」或「合義複詞」。

合義複詞的意義與實例

合義複詞大抵上又可分為「同義複詞」和「偏義複詞」；就語意來做區別，合義複詞可分為：

1、語意直接來自或等逾期組成詞素的意義者，如：燈火、承認、呼吸、依靠。

2、詞素之間沒有語意關係者，如：風流、傷風。

3、詞素之間有比喻或推論關係者，如：矛盾、開關、手軟、虛心、熱心。

就詞類來做區別，合義複詞可分為：

1、名詞性合義複詞，如：紅花、綠葉、水牛、電燈、火車、大門、小人。

2、動詞性合義複詞，如：快樂、旋轉。

3、副詞性合義複詞，如：反正、剛才、根本、向來、左右、早晚。

如若以簡明的方式來做區別，合義複詞則又可分為：並列式合義複詞、主從式合義複詞以及造句式合義複詞。

1. 並列式合義複詞

是由意義相同、相近或相關、相反的字詞並列構成，又可細分為「近義」與「偏義」兩種。

如：羨慕、興亡、圭臬、準繩、規矩、污穢、裁縫、稼穡、陶鑄、砥礪、阡陌、造作、矯揉、社稷、枷鎖、桎梏、饑荒、負荷等。

2. 主從式合義複詞

是指兩詞以主從關係組合來表示同一個意義，這類複詞上下兩字，一定要產生一個特殊的意義，又可細分為「先從後主」與「先主後從」兩種。如：說明、革新、改良、信件、信封、紙張、書本、布匹、花朵、耳朵、車輛、自由、相信、何必、不但、自私、絕妙、學生、導師、夢想、近視、公立、笑話。

3. 造句式合義複詞

是指兩詞以造句關係結合來表示一個意義，就結構形式來說又可分為：

（1）主謂式合義複詞：「主語」（主詞）＋謂語（說明主語），但不是句子。

如：地震、海嘯、春分、夏至、霜降、氣喘、聲張、神往、肉麻、年輕、山明、春暖花開。

（2）述賓式合義複詞：「述語」（動作）＋「賓語」（動作所及對象），但不是句子。

如：開學、註冊、納稅、布景、革命、修行、注意、留心、董事、衛生、行政、照相、失望、得意、到底、轉眼、借光、出差、嘆氣、討厭、快車、沉船。

（3）形名式合義複詞，如：美女、好人。

（4）分類式合義複詞，如：布匹、馬匹、書本、船隻、銀兩。

（5）名動式合義複詞，如：槍斃、風行、口試、利用、步行。

（6）副動式合義副詞，如：自動、自治、自殺、遲到、早退、微笑、全勤、外出、內鬥、反抗、前進、後退、左傾。

同義複詞的意義與實例

同義複詞是指意義相同的兩個單字組合在一起，或者各自拆開後，不僅能單獨成意，而且能表達原詞的意思的語詞，如：死亡、尋覓、喜悅、奔跑、聆聽、疾病等都是。

同義複詞是同義字並連在一起的重複組合，在修辭中，同義字是鑲嵌增字用法的一種，目的只在拉長文字的音節，使用字的語氣更為舒緩、充足，語意更為充實，並增添文章韻律的效果。如：「尋覓」二字，「尋」和「覓」各為單字時，都是找尋的意思，當結合在一起時就是加強「尋找」

的意思。再如：「死亡」二字，「死」和「亡」各為單字時，都是死掉的意思，當結合在一起時就是加強「死掉」的意思了。

在漢字詞語中，有許多各自為單字時意義一樣的字，經過重疊結合在一起之後，可以成為意義相同的新詞語，叫做「同義複詞」：

允許 手足 幼稚 必須 田疇 白日 正直 巨大 共同 因為 安逸 死亡 行走 伸展 困厄
囫圇 希望 彷彿 扶將 束縛 杜絕 村莊 沉沒 沉重 沉浸 言語 身體 辛辣 迅速 咀嚼
呼喚 和平 奔跑 庖廚 彼此 房屋 朋友 欣喜 糾紛 芬芳 門戶 書寫 沖刷 洗滌 哭泣
信息 建築 思想 挑選 畏懼 看見 祈禱 裁縫 面目 臉頰 凋萎 娛樂 疾病 殷勤 秘密
耽誤 虔誠 追逐 淵藪 高興 紓緩 動作 堅硬 基礎 寂寥 強梁 患難 掠奪 淹沒 皎潔
畢竟 疏忽 眷戀 粗糙 聆聽 貪婪 陷害 喧嘩 喧囂 喜悅 喜歡 曾經 報酬 尋覓 描繪
挑選 殘酷 渺茫 稀疏 童稚 翔翱 跋涉 詛咒 給予 隊伍 剷除 愚昧 搖擺 毀謗 溫暖
禁止 跳躍 道路 遁逃 飼養 窠巢 匱乏 寧靜 碩大 遙遠 領悟 凜冽 增加 墜落 墮落
摩擦 緣故 賜與 遭遇 閱讀 駕馭 駕駛 學習 憩歇 燃燒 遲延 遲疑 靜謐 尷尬 幫助
應諾 擦拭 糟蹋 聲音 艱難 褻瀆 謙遜 購買 輾轉 醞釀 黝黑 簡單 曝曬 籌畫 臃腫
躊躇 霹靂 聽任 驕傲 纖細 驚惶 驚嚇

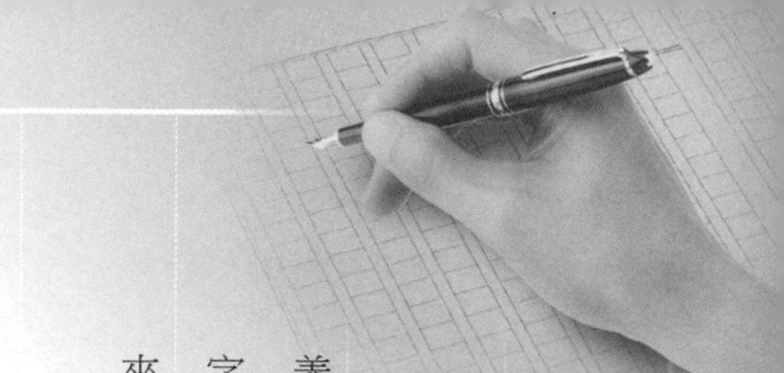

同義複詞經常出現於古文和今文之中，這種在行文口語中，刻意插入數字、虛字、特定字、同義或異義字，做為拉長文句，以使文字的語氣得到舒緩的修辭方式，稱為「鑲嵌」。其中插入同義字的動作，是為「增字」，亦即文法中所說的「同義複詞」。使用「同義複詞」的詞語，主要是用來作文章時讓語氣舒緩，且經由同義詞的複疊，強化內容語氣，使文章兼具有韻律的成效。

同義複詞實例：

分裂：「分裂」河山。（賈誼．過秦論）

田獵：秋冬之隙，致民「田獵」以講武。（蘇軾．教戰守策）

仕宦：凡「仕宦」之家，由儉入奢易，由奢反儉難。（曾國藩．諭子紀鴻）

式憑：我先王先民之景命，實「式憑」之。（連橫．台灣通史序）

母子：痛「母子」之永隔。（禰衡．鸚鵡賦）

沮遏：蔽遮江淮，「沮遏」其勢。（韓愈．張中丞傳後敘）

此若：楚之兵節，越之兵不節，楚人因「此若」勢亟敗越人。（墨子．魯問）

何誰：借問此「何誰」？云是鬼谷子。（郭璞．遊仙詩）

危急：此誠「危急」存亡之秋也。（諸葛亮．出師表）

劬勞：哀哀父母，生我「劬勞」。（詩經．小雅蓼莪）

斧斤：林木茂而「斧斤」至焉。（荀子．勸學）。「斧斤」以時入山林。（孟子）

服行：身當「服行」，當以訓汝子孫。（司馬光．訓儉示康）

矜憫：願陛下「矜憫」愚誠，聽臣微至。（李密．陳請表）

宰割：「宰割」天下。（賈誼．過秦論）

恐懼：諸侯「恐懼」，會盟而謀弱秦。（賈誼．過秦論）

恩愛：昭陽殿裡「恩愛」絕。（白居易．長恨歌）

剟刺：近拇之指，若「剟刺」狀。（方孝孺．指喻）

崩殂：先帝創業未半，而中道「崩殂」。（諸葛亮．出師表）

蠲除：自私自滿之見，可漸漸「蠲除」矣！（曾國藩．曾國藩日記選）

盟誓：申之以「盟誓」。（左傳．成公十三年）

脂膏：身處「脂膏」，不能以自潤，徒益辛苦耳。（後漢書．孔奮傳）

踰越：門不容車，而不可「踰越」。（左傳．襄公三十一年）

寂寥：弦誦之地，「寂寥」無聲。（唐書．代宗紀）

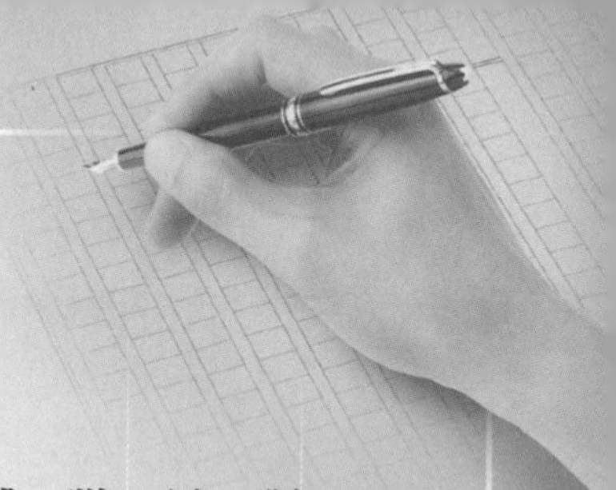

獨唯：齊城之不下者，「獨唯」聊、莒、即墨。（史記・燕世家）

異變：然而成敗「異變」，功業相反也。（賈誼・過秦論）

猶如：啊！它「猶如」不死的老兵，浩然的精神將留傳萬世。（藍心・古樹頌）

試用：將軍向寵……「試用」於昔日，先帝稱之曰能。（諸葛亮・出師表）

逼迫：郡縣「逼迫」，催臣上道。（李密・陳請表）

遁逃：九國之師逡巡「遁逃」而不敢進。（賈誼・過秦論）

遠近：「遠近」莫敢不壹於正。（漢書・董仲舒傳）

廣益：必能裨補「缺漏」，有所「廣益」。（諸葛亮・出師表）

諮諏：陛下亦宜自課，以「諮諏」善道。（諸葛亮・出師表）

曩昔：我看到歷史的倏忽和「曩昔」的煙霧，蒙在我眼前的是時空隱退殘留的露水。（葉珊・綠湖的風暴）

偏義複詞的意義與實例

偏義複詞的定義是：拆開來的兩個字都各具有其意義，可是當這兩個字組合在一起時，卻只取其中一個字的意思來解釋。如：跟你在一起的日子讓我很難「忘懷」。這一句話裡的「忘懷」，是由「忘」（遺忘）和「懷」（記得）兩個意義相異的單字所組合而成，因此，只取「忘」這個字的意涵，表示「那一段日子讓我很難遺忘」。

偏義複詞即是指，在語詞中偏重其中一個字，另一字則不具意義，這在修辭中屬於鑲嵌的配字法，是用其中一個具平列而異義的字來做陪襯，只取其聲以舒緩語氣，而不用其義來稱謂。如：「恩仇」用在「一笑泯恩仇」時，就偏重在「仇」這個字的意義上，假若是用在兩個互不認識的人身上，就是真的無恩無仇，也就沒有偏重哪一個字的意味了。

例如：國家（偏重國字）、忘記（偏重忘字）、窗戶（偏重窗字）、乾淨（偏重淨字）、禽獸（偏重獸字）、恩仇（偏重仇字）、死活（偏重死字）、恩怨（偏重怨字）、利害（偏重害字）、剪刀（偏重剪字）、輕重（偏重重字）、緩急（偏重緩字）、沐浴（沐為洗頭，浴為洗身；偏重洗身）、曾不吝情「去留」（偏重去字）、「忘懷」得失（偏重忘字）、今日「兄弟」來到貴地（偏重弟字，謙稱自己）、「妻子」一生相隨（偏重妻字）、生女不生男，「緩急」非所益（偏重急字）、卻不見孔明「動靜」（偏重動字）、忘路之遠近（偏重遠字）、一起「來去」看電影（偏重去字）、名聞「遐邇」（偏重遐字）、「生死」與共（偏重生字）、人生要懂得「取捨」（偏重捨字）。

偏義複詞一定是要將兩個相對的字緊密的聯合起來，形成一個新意義的詞，像陶淵明的《五

柳先生傳》：「造飲輒醉，曾不吝情去留」的「去留」（取「去」之意，離開之喻）；《三國演義》：「派個探子去探探曹營虛實」中的「虛實」（取「實」之意，實際之喻）。以上都是兩個字當中只取一個字的意思來做為主要的意義。

偏義複詞實例：

弓矢：質的張而「弓矢」至焉。（荀子．勸學）

心肝：知，是「心肝」內的知，……父親的知藏在他的「心肝」內。

父母：我有親「父母」，逼迫兼「兄弟」。（漢樂府民歌．孔雀東南飛）

出沒：流賊張獻忠「出沒」蘄、黃、潛、桐間。（方苞．左忠毅公軼事）

去來：「去來」江口守空船。（白居易．琵琶行）

去來：歸「去來」兮，田園將蕪胡不歸？（陶淵明．歸去來辭）

去留：既醉而退，曾不吝情「去留」。（陶潛．五柳先生傳）

成敗：大凡憂之所來，不外兩端：一曰憂「成敗」，一曰憂得失。（梁啟超．為學與做人）

存亡：此誠危急「存亡」之秋也。（諸葛亮．出師表）

早晚：今兒老太太高興，這「早晚」就來了。（紅樓夢・劉姥姥進大觀園）

早晚：天到多「早晚」了？還跟著去遊魂！（朱西寧・狼）

死生：所向無空闊，真堪託「死生」。（杜甫・房兵曹胡馬行）

死生：嗚呼！「死生」，晝夜事也。（文天祥・指南後錄序）

作息：晝夜勤「作息」，伶俜（ㄆㄧㄥˊ）縈苦辛。（漢樂府民歌・孔雀東南飛）

冷暖：世態炎涼，如人飲水，「冷暖」自知。

車馬：大夫造「車馬」。（禮記・玉藻）

治亂：博聞強志，明於「治亂」，嫻於辭令。（史記・屈賈列傳）

是非：這件事的「是非」曲直，仍無人知曉。

恩仇：歷盡劫波兄弟在，相逢一笑泯「恩仇」。（魯迅・詩）

恩怨：土希兩國，歷史上的「恩怨」植根已深，累有衝突。（中央日報社論・隱憂重重的塞島問題）

飢飽：不知「飢飽」。（白居易・與元微之書）

虛實：公今可去探他「虛實」卻來回報。（羅貫中・用奇謀孔明借箭）

動靜：卻不見孔明「動靜」。（羅貫中・用奇謀孔明借箭）

動靜：得參休息過一天，看看沒有什麼「動靜」。（賴和・一桿秤仔）

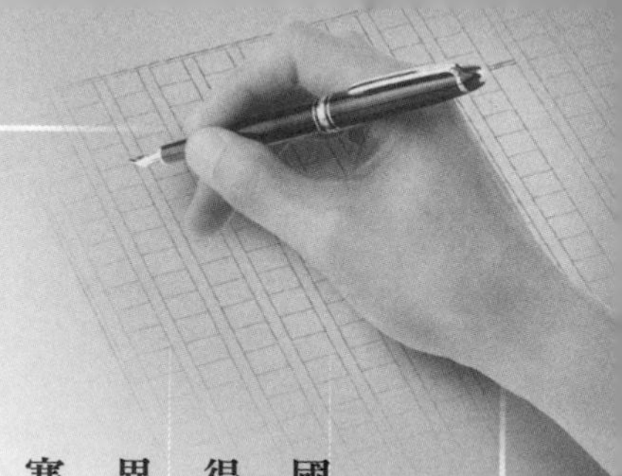

國家：有「國家」者得吾說而存之，則將慎擇與天位之人。（曾國藩・原才）

得失：大凡憂之所來，不外兩端：一曰憂成敗，一曰憂「得失」。（梁啟超・為學與做人）

異同：陟罰臧否，不宜「異同」。（諸葛亮・出師表）

寒暖：得同「寒暖」。（白居易・與元微之書）

得失：幾番「得失」，我已失去一切。（林懷民・變形虹）

禽獸：猩猩能言，不離「禽獸」。（禮記・曲禮）

禍福：天有不測風雲，人有旦夕「禍福」。

遠近：緣溪行，忘路之「遠近」。（陶淵明・桃花源記）

緩急：君密奏請皇上結以恩遇，冀「緩急」或可救助，詞極激切。（梁啟超・譚嗣同傳）

合聲複詞的意義與實例

合聲複詞和合義複詞有個共通的特點，即是拆開的兩個字不具有意義，因此，將兩個發音特徵相似或相異的字結合在一起的詞語，稱為「衍聲複詞」，衍聲複詞包括：

一、「雙聲」複詞（聲母相同，如「彷彿」）。

二、「疊韻」複詞（韻母相同，如「窈窕」）。

三、「同音」複詞（聲母、韻母皆相同，如「玲瓏」）。

四、「非雙聲亦非疊韻」（如「蚯蚓」）。

1. 雙聲複詞

雙聲複詞指的是聲母相同的副詞，也即是說，一個字的注音符號有聲符跟韻母，而聲符就是注音符號最上面那個韻母音；例如：「琵琶」讀音ㄆㄧˊ ㄆㄚˊ，其兩音的韻母相同，同樣都是ㄆ音，這個就是雙聲複詞聲母相同的副詞。再如：「彷彿」讀音ㄈㄤˇ ㄈㄨˊ，其兩音的韻母相同，同樣都是ㄈ音，即為雙聲複詞。又如：「蜘蛛」讀音ㄓ ㄓㄨ，其兩音的韻母相同，同樣是ㄓ音，即為雙聲複詞。

另例：「叮噹」讀音ㄉㄧㄥ ㄉㄤ，其兩音的韻母相同，同樣是ㄉ音，即為雙聲複詞。再例：「鞦韆」讀音ㄑㄧㄡ ㄑㄧㄢ，其兩音的韻母相同，同樣是ㄑ音，即為雙聲複詞。

其他如：疙瘩、琉璃、輾轉、恍惚、躊躇、惆悵、慷慨、崎嶇、踟躕、參差、琵琶、倜儻等，都屬於雙聲複詞。

2.疊韻複詞

疊韻複詞指的是聲母相同的副詞，亦即是說，一個字的注音符號有聲符跟韻母，而聲符就是注音符號最下面那個韻母音；例如：「反轉」讀音ㄈㄢˇ ㄓㄨㄢˇ，其兩音的韻母相同，同樣是ㄢ音，這就是疊韻複詞。再如：「螳螂」讀音ㄊㄤˊ ㄌㄤˊ，其兩音的韻母相同，同樣是ㄤ音，這就是疊韻複詞。又如：「徘徊」讀音ㄆㄞˊ ㄏㄨㄞˊ，其兩音的韻母相同，同樣是ㄞ音，這就是疊韻複詞。

再來，「窈窕」讀音ㄧㄠˇ ㄊㄧㄠˇ，其兩音的韻母相同，同樣是ㄠ音，也為疊韻複詞。另例：「溫文」讀音ㄨㄣ ㄨㄣˊ，其兩音的韻母相同，同樣是ㄣ音，所以也是「疊韻複詞」。

其他如：婆娑、盤桓、蕭條、零丁、玲瓏、骯髒、須臾、流連、嘮叨、逍遙、徘徊、繽紛、荒唐、囉唆、翡翠、徜徉、憧憬、垃圾等，都屬於疊韻複詞。

3.連綿詞

簡要的說，只要組成這個詞的每個字，拆開後都無法再表示其原詞的意義，一定要放在一起才具有意義，具備這種條件者，就是連綿詞。如：玫瑰、蜻蜓、葡萄等表示一種東西，但拆開後的兩個字不能以個別字表意，這即是連綿詞。基本上，連綿詞又因個別字的發音關係分成四種：

(1)雙聲連綿詞：有相同聲母（相當於英語的子音），如：枇杷、琵琶、蟾蜍、鞦韆、流連等。

(2)疊韻連綿詞：有相同韻母（相當於英語的母音），如：餛飩、橄欖、蜻蜓、蟑螂、蹣跚等。

(3)雙聲兼疊韻連綿詞：聲母韻母都相同。如：輾轉、玲瓏等。

(4)非雙聲非疊韻連綿詞：聲母韻母都不同。如：玻璃、鸚鵡、螞蟻等。

屬於連綿詞者為：蜜蜂、薔薇、劍蘭、香蕉、龍眼、顢頇、徘徊、逍遙、榴槤、干戈、玫瑰、向日葵、蝦蟆、婆娑、焦急、躊躇、興奮、哈密瓜、玲瓏、蹣跚、慚愧、阡陌、邂逅、蟋蟀、徘徊等。

有趣的是，另外還有一種叫做「合音字」，雖然只唸一個音，不過它卻是由兩個字合併起來的新字，可以是合音或合義，或兩者兼而有之。如：「甭」讀音ㄅㄥˊ（不用之喻）、「孬」讀音ㄏㄨㄞˋ（不好之喻）、「叵」讀音ㄆㄛˇ（反可，就是不可）。

作文老師的叮嚀

在作文修辭學裡有一種叫做「鑲嵌」的文句修飾法，意思是說，在詞語中，故意插入數目字、虛字、特定字、同義或異義字，來拉長文句的修辭方式。

「鑲嵌」的方式有：

一、鑲字：即是在句子裡鑲入無關要緊的虛字或數目字；如：王羲之（蘭亭集敘）裡

的「一觴一詠，亦足以暢敘幽情。」其中「一觴一詠」的「一」即是鑲字。

二、嵌字：即是在句子裡嵌入特定的字；如：漢樂府〈江南〉裡的「江南可採蓮，蓮葉何田田。魚戲蓮葉間，魚戲蓮葉東，魚戲蓮葉西，魚戲蓮葉南，魚戲蓮葉北。」句句均為嵌字。

三、配字：又稱偏義複詞，就是將兩個相對的字緊密的聯合起來，形成一個新意義的詞，如：諸葛亮〈出師表〉裡的「宮中府中，俱為一體，陟罰臧否，不宜異同。」其中「異同」二字即是配字，也是偏義複詞。

四、增字：又稱同義複詞，就是各自為單字時意義一樣的字，經過重疊結合在一起之後，成為意義相同的新詞語，如：李密〈陳情表〉裡的：「臣少多疾病，九歲不行。」其中「疾病」二字即是增字，也是同義複詞。

若干和不少的數詞與量詞

若干和不少的數詞與量詞

在語言學中，數詞是表示數目的詞語，用於連結數詞和名詞的語素，類別有：基數詞、序數詞、分數詞、倍數詞、概數詞等，不同的名詞則採用不同的量詞來計數；其中，數詞是用來表示數目多寡與先後。如：表示準確數目的一、十、百、千、萬、億、兆等基數詞；如：表示先後次序第一、老二、初三、星期四、第五次等序數詞；如：表示等分的二分之一、百分之十等的分數詞；如：表示加倍的一倍、十倍等的倍數詞；如：表示數目的許多、一些、大約、大概、不少、幾、若干、上下、以上、以下等的概數詞。

漢語中，量詞的位置介於數詞之後和名次之前，用來表示人、事物和動作、行為的單位的詞；如：一匹馬、兩張紙、三條褲子等。量詞的類別分為：物量詞（又稱名量詞）、動量詞和複合量詞。不同的量位有不同的表示語詞，如：用來表示物量的一群、二斤、三個、四塊等物量詞；如：用來表示動量的一趟、兩遍、三番、四回等動量詞；如：用來表示複合量的人次、架次、噸、公里等複合量詞。

數詞除成語和文言格式外，一般不直接修飾名詞；量詞則常與數詞或者指示代名詞組合做為句子的成分。

計算個體的量詞用字

一「**個**」桶蓋　一「**頂**」帽子　一「**樁**」命案　一「**位**」名人　一「**間**」房子　一「**棵**」榕樹

一「**枝**」百合　一「**朵**」玫瑰　一「**座**」老鐘　一「**句**」名言　一「**枚**」硬幣　一「**把**」胡琴

一「**張**」桌子　一「**台**」電腦　一「**座**」廟宇　一「**篇**」作文　一「**本**」名著　一「**架**」飛機

一「**條**」項鍊　一「**只**」戒指　一「**輪**」明月　一「**床**」棉被　一「**根**」扁擔　一「**頭**」水牛

一「**株**」老樹　一「**隻**」麻雀　一「**幅**」油畫　一「**件**」禮服　一「**支**」鋼筆　一「**道**」菜餚

一「**輪**」明月　一「**盞**」明燈　一「**粒**」糖果　一「**盆**」蘭花　一「**碗**」米飯　一「**艘**」帆船

一「**匹**」老馬　一「**顆**」蘋果　一「**口**」水井　一「**派**」氣度　一「**帆**」風順　一「**團**」烏雲

一「**片**」落葉　一「**塊**」方糖　一「**輛**」跑車　一「**尊**」神像　一「**罐**」白醋　一「**瓶**」醬油

一「**封**」來信　一「**包**」糖果

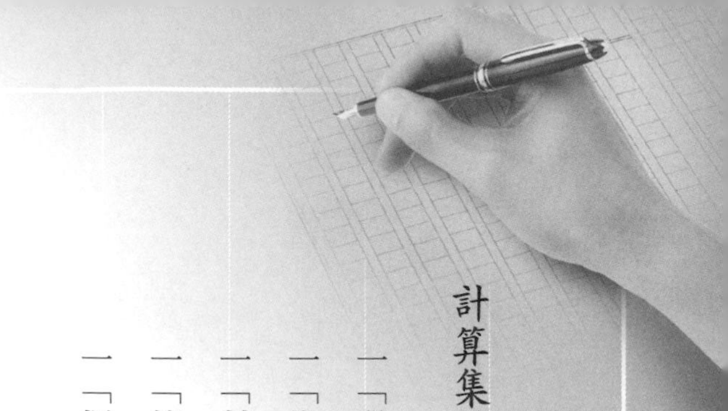

計算集體的量詞用字

一「**群**」孩子　一「**部**」叢書　一「**片**」草地　一「**副**」對聯　一「**遍**」草原　一「**雙**」筷子

一「**堆**」衣服　一「**窩**」小狗　一「**列**」火車　一「**排**」矮樹　一「**對**」情侶　一「**批**」新貨

一「**幫**」弟兄　一「**群**」同伴　一「**班**」同黨　一「**套**」計劃　一「**串**」葡萄　一「**打**」鉛筆

一「**簇**」花卉　一「**撮**」頭髮　一「**窩**」小狗　一「**箱**」珠寶　一「**樹**」紅花　一「**車**」垃圾

一「**捆**」柴火

專用名量詞

「專用名量詞」指的是與某些名詞有相互選擇關係的量詞。也即某些名詞只能用某一個或某幾個專門的量詞做結合，這種量詞即是專用名量詞。如：一「本」詞典、一「匹」馬、一「條」魚、一「令」紙、一「句」話。

以下單字即為專用名量詞常用的「量詞」：

口　元　分　匹　弔　戶　手　支　方　毛　片　代　令　冊　包　句　打　本　疋　件　份　列　名　回　朵　次　行

串　位　局　尾　床　把　批　束　系　角　些　具　刻　味　宗　屆　帖　房　所　招　服　枝　枚　股　門　則　客

封挑架段派盆秒胎重面頁首灶倍個員套家席師座扇捆挺旅根桌
株班級起陣隻副堆堂堵張捲排桿條盒粒組通連部頂場尊棟棵番
發筆隊項塊歲盞碗群葉道頓團對幕截撇滴種窩管臺層撥撮樣樁
盤箱篇線課趟輛輪劑擔艘錠錢頭餐幫營簇縷闋顆點雙瓣類齣攤
疊聽

臨時名量詞

「臨時名量詞」為臨時借用名詞做量詞的詞，指的是某些名詞臨時處在量詞的位置上，被用來做為數量單位。例如：媽媽端來兩盤餃子、廚師拿來一瓶醬油、他家坐了一屋子人、她在房裡擺了一床東西。

一缸金魚　一身功夫　一碗清湯　一盤小菜　一袋麵粉　一箱工具　一地落葉　一臉錯愕
一腳踢開　一車蔬菜　一手好藝　一券在手　一客牛排　一具浮屍

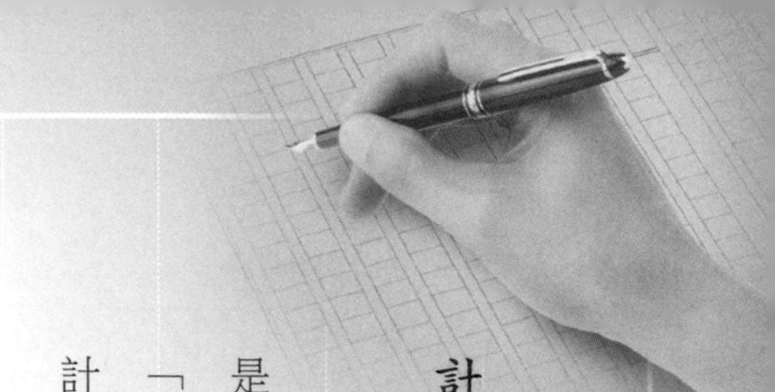

計量名量詞

表示人或事物的數量單位，叫做「計量名量詞」。主要是度量衡單位。公斤、尺、畝、度等都是。如：一個人、兩只戒指、三口鐘、一把茶壺，其中的「個、只、口、把」以及表示度量衡的「斤、公斤、斗、升、尺、寸、丈、石、兩、分、畝、頃、刻、點、秒、元、角、米、磅」等都在計量名量詞的範圍。

一里路　一尺布　一斗米　一斤肉　一畝田　一秒鐘　一刻鐘　一兩黃金

通用名量詞

「通用名量詞」主要是指多數名詞都適用的量詞，如：種、類、些、點、個等都是。「個」這個量詞發展到了通用化的境地，能夠和「個」字組合的名詞越來越多。但「個」字也不是能夠全數做為其他名詞的專用量詞，它的替代性仍有限制。如：「電視」的量詞可以說成是「一部電視」，也可以說成是「一個電視」。但「紙」、「麵」或「車」等，無論如何就不能說成是「一個紙」、「一個麵」、「一個車」了。

專用動量詞

「專用動量詞」是表示動作和行為次數和所持續的時間量詞，包括：次、回、遍、趟、頓、番、圈、下回、番、陣、年、月、天、日、夜、小時、分、秒等。這些動量詞表達的意義各自不同，和動片語結合的模式也不盡相同，比如「次」和「下（兒）」和動片語合的能力強（即多數動詞可以和它們組合），而「趟」只能和「去」、「走」、「跑」等部分動片語結合。

大吃一頓　繞場一周　白跑一趟　看了一場　踢了一腳　喝了一口　睡了一天　打了一拳

比了一回　唸了一遍　教訓一番　幾度密談　打了一頓　跑了一圈　咬了一口　下一回合

摸一下下　哭上一陣　走了一遭　去了兩次　滑了一跤

臨時動量詞

「臨時動量詞」是指借用表示動作和行為憑藉的工具名詞為量詞，如：我踢了他一腳、爸爸打了我一巴掌、女朋友瞪了他一眼。「腳」是「踢」的工具，「巴掌」是「打」的工具，「眼」是「瞪」的工具。這種臨時用來表示動作的量詞，即是臨時動量詞。

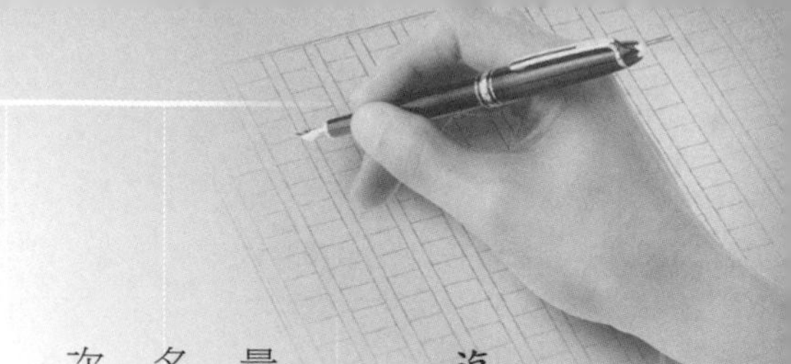

複合量詞

把名量詞「駕」、「人」和動量詞合為一次，共同用來做為一種特殊的計量單位，即是「複合量詞」。常用的複合量詞在構成形式上雖是「名量詞＋動量詞」，其中，名量詞較為開放，即不少名量詞都可以用來構成複合量詞，而動量詞卻只有「次」最常用來構成複合量詞。如：班次、人次、件次、卷次、例次、艘次、部次、架次、批次、戶次、輛次、台次等都是。

量詞雖然是用來表示數量及單位的語詞，但遇到寫作時，經常會因為所描述的客觀事物，本身具有其模糊的特殊性質，所以反映在這些事物的量詞上，便以客觀的外在表示，所使用的量詞則非傳統的數量用語。

如果用於形容自然現象，使用的量詞可以是：

一線曙光　一團煙霧　一抹色彩　一抹綠光　一池春水　一方淨土　一脈山林　一堆木頭

一堆沙子　一堆石子　一片白雲　一潭清水　一畦菜圃　一瀉千里　一塵不染　一葉知秋

一瓣心香　一柱擎天　一寸光陰　一日之計　一衣帶水

如果用於表達人的狀態和感覺，使用的量詞可以是：

一番心血　一縷哀愁　一絲笑意　一陣心酸　一身罪孽　一鳴驚人　一片丹心　一派風光

一介書生　一派胡言　一親芳澤　一片冰心　一寸丹心　一手遮天　一代文豪　一見鍾情

一貧如洗　一絲不掛　一舉成名　一無是處　一盤散沙

如果用於表達抽象感受和狀態，使用的量詞可以是：

一點啟示　一片繁華　一些安慰　一團和氣　一簾幽夢　一步登天　一念之差　一息尚存

一廂情願　一髮千鈞　一鼓作氣　一往情深　一場春夢　一脈相承

作文老師的叮嚀

許多人說話或寫作時，對於數詞和量詞都習慣「無法分辨」，也就是說，許多人習慣使用「一個」、「一種」來當成所有的數量詞，「一個下午的時候，他來到人多得不得了的一個忠孝東路，一個不留神，他一個踉蹌，掉進一個坑洞裡，他有一種很不爽的感覺。」如此「一個」來，「一個」去的，使人渾然不知所以的差點忘掉漢語中充滿著許多生動又漂亮的數量用詞，你看：

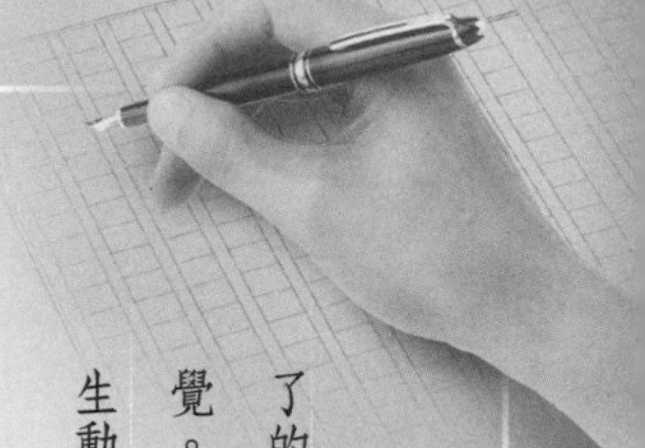

一道彩虹	一鍋白飯	一堵圍牆	一串鑰匙	一頓飯菜	一個瓷碗	一瓶白酒
一扇柴門	一座拱橋	一所房子	一家銀行	一面鏡子	一座古鐘	一口水井
一把牙刷	一節電池	一門大炮	一根鐵釘	一眶眼淚	一把利刀	一面國旗
一根火柴	一頭乳牛	一顆牙齒	一張唱片	一根筷子	一頭大象	一顆星星
一塊方糖	一根釘子	一排牙齒上	一節課	一把鎖匙	一桌酒席	一束荔枝
一串香蕉	一宗買賣	一部電影	一雙跑鞋	一塊田地	一輛汽車	一塊蛋糕
一把梳子	一束玫瑰	一領草蓆	一把勺子	一口鍋子	一艘戰艦	一根木頭
一頭汗水	一具死屍	一戶人家	一所學校	一雙筷子	兩戶人家	一縷輕煙
一枚金幣	一杯紅酒	一車西瓜多看	一眼打	一巴掌	一捲影帶	一台相機

用相對相形的數量詞形容事物的數量，文詞自然活潑起來，語意也跟著明朗起來，比起「一個忠孝東路」、「一種感覺」，的確好太多了。古代漢語中也不乏用數量詞來做為

語詞的形容：（黑體字為數量詞）

《詩經．采葛》一日不見，如**三秋**兮。

《詩經．兼葭》所謂伊人，在水**一方**。

《左丘明．曹劌論戰》**一鼓**作氣，再而衰，三而竭。

《孟子．齊人章》齊人有**一妻一妾**而處室者。

《列子．愚公移山》太形、王屋**二山**，**方七百**里，高**萬仞**。

《干寶．搜神記》送鯉**一雙**與僚。

《王劭．舍利感應記別錄》即見婆羅樹**一雙**，東西相對。

《漢魏叢書．飛燕外傳》謹奏上……文犀辟毒箸**二雙**。

《曹植．冬至獻襪頌表》拜表奉賀，並獻紋履**七緉**，襪若干副。

《世說新語．雅量篇》未知一生當箸**幾量**屐。

《敦煌變文．韓擒虎話本》皇帝亦見，喜不自昇，遂賜禽虎……美人**一對**。

《漢書．食貨志》**兩枚**為**一朋**。

《儀禮．鄉射禮》**二算**為純，**一算**為奇。

《徐灝．說文解字箋注》凡物之**兩者**皆曰純。

《儀禮．少儀》**乘**壺酒。

《穀粱傳．文公十四年》長轂**五百乘**。

《公羊傳．昭公元年》出長轂**一乘**。

《漢書．匈奴傳》賜以……弓**一張**，矢**四發**。

《後漢書．匈奴傳》今齎……矢**四發**，遣遺單于。

《魏書．樂志》**一懸**十九鐘，**十二懸**二百二十八鐘。

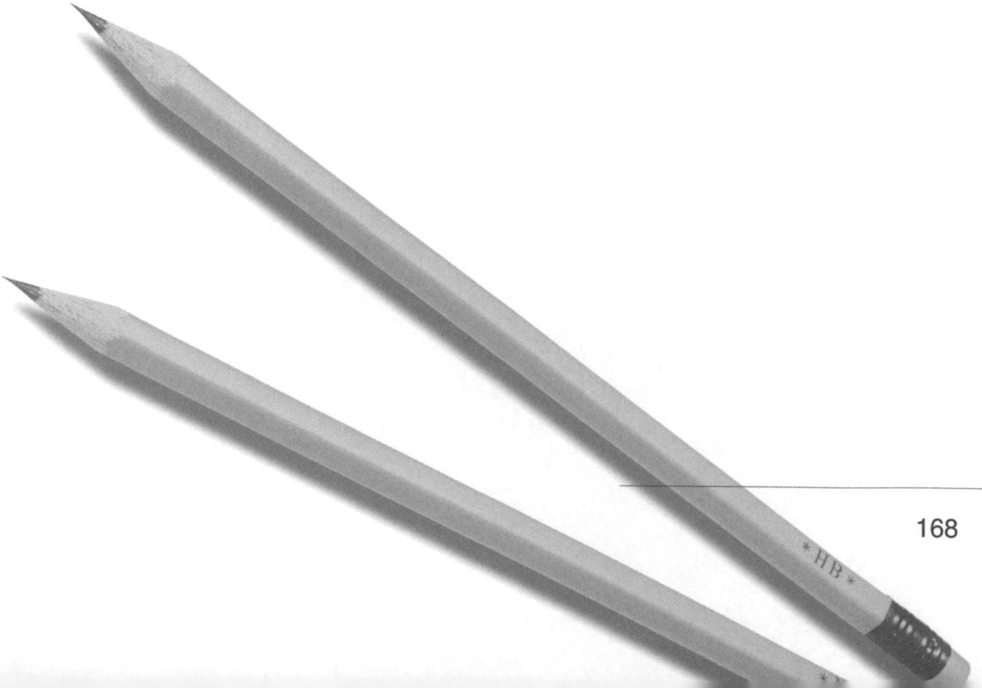

非常極端的相似詞與相反詞

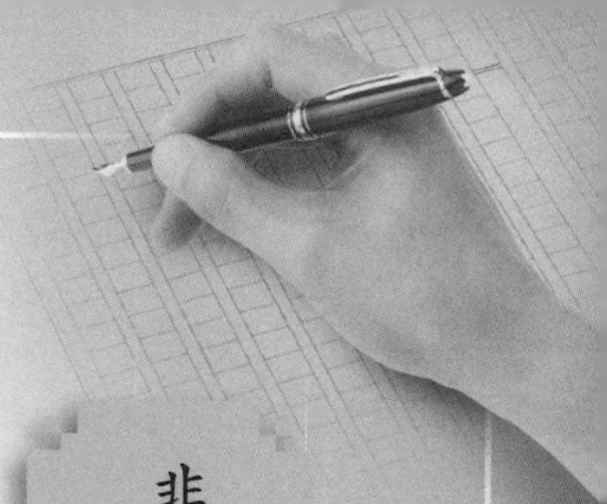

非常極端的相似詞與相反詞

學生寫作時，常會為了一句寫不出來的語詞，或者偏巧有其中一個、兩個字不知怎麼寫而抓破頭的現象，如果腦中又沒有儲存其他相關詞彙可資運用，作文的思緒必定就此僵住，最後無法順暢的把文章順利完成；這時，運用相似詞和相反詞即可迎刃而解。

相似詞和相反詞主要的作用是為了讓學生能在使用語詞的技巧上觸類旁通、舉一反三，並使文章看起來豐富多元，不會一個段落裡同樣一句話的用詞一再重複出現。例如：非常、其實、然後、雖然、尤其、感覺、已經、然而、講、很多、以為、關係、就、不斷、似乎、一個、總是、那、還有、時候等，都是學生寫作時最常在同個段落裡不斷重複使用的語詞。

若以「非常」二字來說，這兩個字是學生作文時最常拿來做為形容的語詞，「我的父親是一個非常嚴肅的人，說話非常慢，他常常工作到非常晚才回到家。」一段不長的文句裡竟然出現三次「非常」，這樣的句子何來順暢和優美可言？

難道就沒有其他字眼可以用來替代「非常」嗎？

「非」字意為「不」，如非同小可；「常」字意為「一般」、「普通」；當二字合為一詞時，一可解釋為「特別」、「異乎尋常」，這話來自司馬遷〈報任少卿書〉中：「唯倜儻非常之人稱焉，蓋文王拘演周易。」二可解釋為「突來的禍患」，這話來自史記〈項羽本紀〉中：「故遣將守關者，備他盜出入與非常也。」

先瞭解「非常」二字的意思之後，就能清楚寫下這一個語詞的相似詞和相反詞了。其相似詞為：特別、極度、極端、十分、萬分、異常。其相反詞則為：平常、普通、尋常。

也就是說，「非常」二字仍有其他多個替代名詞，如果以上述描述父親的句子來看，可改為：「我的父親是一個非常嚴肅的人，說話特別慢，他常常工作到很晚才回到家。」這樣一來，句子就不會一再出現使人讀來枯燥無味的「非常」贅詞了。

相似詞和相反詞在作文中，對於句子的替換作用助益良多。

二字部相似詞與相反詞

語詞	相似詞	相反詞
大夫	醫生	病患、病人
天然	自然	人工、人造、人為
天際	天邊	地隅、角落、一角
瓜葛	牽連	無涉
亙古	永遠	短暫
自矜	誇耀	謙遜
佇足	駐足、留步	馬不停蹄、快馬加鞭
吝惜	吝嗇	大方
彷彿	好似、彷如	無異
我輩	我們	汝等
沒世	終身	剎時

和諧	協調	蠻橫
幸運	僥倖、榮幸	不幸、倒楣、災禍、厄運、惡運
幸福	快樂、滿足	悲慘、不幸、痛苦、禍患、災難
放棄	屏棄、拋棄、放手、唾棄、捨棄	保留、保持、堅持、吸引、占有、爭取、追求
放縱	放任	壓抑
欣然	陶然	悵然
社稷	國家	家園
恰巧	剛好、剛巧、恰好、適值、湊巧	恰恰、不巧
挑釁	找碴	平和
故人	故舊	新知
負擔	包袱、負荷、擔負、擔當、承當、擔任	敷衍、搪塞
風雅	優雅	鄙陋
風範	楷模	惡例

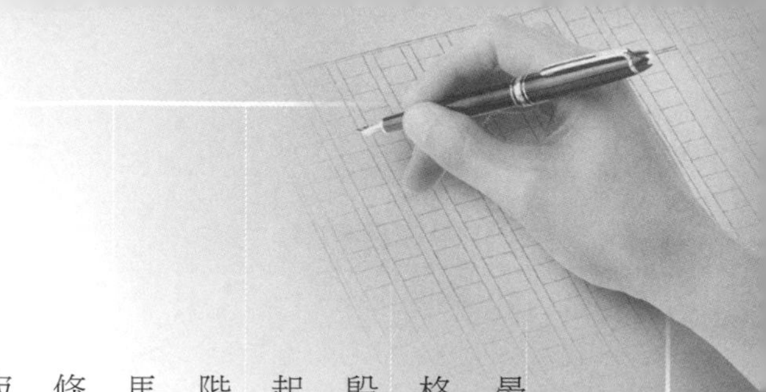

晏如	安適	惶恐
格外	分外	一般
殷殷	熱切	冷淡
起手	開始	放下
陛下	天子	子民
馬虎	苟且	徹底
倏忽	突然	延遲
寂寥	寂靜	喧鬧
悠閒	清閒、逍遙、閒適、自在、安閒	忙碌、繁忙、匆忙
掩映	若隱若現、時隱時見	交相輝映
眷戀	懷念	捨得
莊嚴	肅穆	輕佻
魚貫	依序	混亂
喧嘩	喧鬧	安靜
斯文	優雅	野蠻

晶瑩	透徹	晦暗
猶豫	徬徨、遲疑、躊躇、夷由、斷然、夷猶、游移	果斷、果決、堅決、決斷
絢麗	瑰麗	暗淡
著名	馳名、出名、有名、聞名	沒沒無聞
須臾	俄頃、片刻	綿長
徬徨	猶豫	果決
搖晃	晃動	靜止
會意	領會	不解
滑稽	詼諧、好笑	莊重、嚴肅
實踐	實行	中止
綿長	綿綿不息、綿綿不斷	間斷、中斷
蜿蜒	曲折	延伸、筆直
輕視	鄙視	尊重
數落	責備	讚許
隨意	任意	謹慎

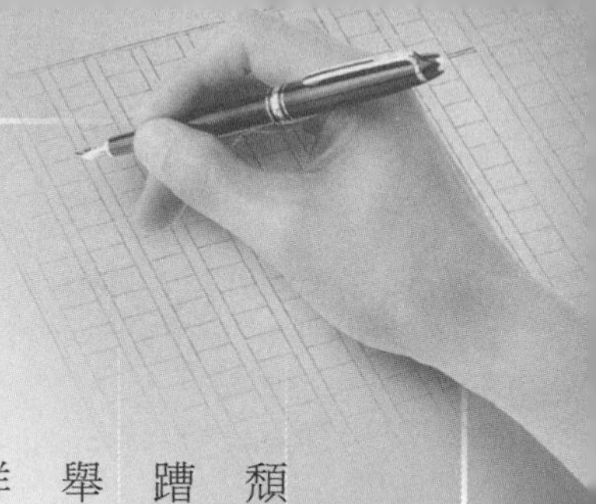

頹然	乏力	煥發
蹧踏	蹂躪	珍惜
舉世	天下	個人
鮮有	不常	滿盈
朦朧	模糊	澄輝、澄明、明亮
蹣跚	跛行	矯健
離別	分離	聚首
黧黑	黝黑	白皙、白淨
躊躇	躑躅、猶豫	果斷、明確

四字部相似詞與相反詞

語詞	相似詞	相反詞
一言不發	一聲不響	千言萬語

一刀兩斷
人才輩出
了無聲趣
三心二意
亡羊補牢
小時了了
大快朵頤
大相逕庭
不毛之地
不慌不忙
不為瓦全
不堪一擊
五體投地
心不在焉
反璞歸真
未雨綢繆

劃清界限
鳳凰翔集
索然無味
心猿意馬
江心補漏
少年得志
盡情享受
截然不同
窮鄉僻壤
從容不迫
寧為玉碎
一觸即潰
心悅誠服
心有旁騖
洗淨鉛華
有備無患

藕斷絲連
後繼無人
趣味橫生
一心一意
知錯不改
大器晚成
食不暇飽
並行不悖
良田沃壤
匆匆忙忙
委曲求全
堅不可摧
不甘俯首
專心一意
五花八門
臨渴掘井

另闢蹊徑
左顧右盼
以訛傳訛
仗義執言
杞人憂天
有口皆碑
血肉相連
百步穿楊
危如累卵
車水馬龍
沽名釣譽
固若金湯
和衷共濟
侃侃而談
門可羅雀
夸父追日

另尋天地
東張西望
道聽塗說
秉公直言
自尋煩惱
交口稱譽
情同手足
彈無虛發
千鈞一髮
熙來攘往
譁眾取寵
穩如泰山
同心協力
滔滔不絕
冷清不已
螳臂擋車

無計可施
目不轉睛
言之鑿鑿
趨炎附勢
養心安神
千夫所指
毫無瓜葛
漫無目標
穩如泰山
門可羅雀
實至名歸
搖搖欲墜
離心離德
噤若寒蟬
門庭若市
慢條斯理

易如反掌	探囊取物	難如登天
咄咄逼人	逼人太甚	平易近人
昭然若揭	水落石出	一頭霧水
俗不可耐	鄙陋庸俗	雍容文雅
容光煥發	光彩奪目	黯然失色
嘔心瀝血	殫精竭慮	隨隨便便
嘖嘖稱奇	歎為觀止	眾矢之的
垂涎三尺	饞涎欲滴	食之無味
始作俑者	萬惡之首	卓爾出群
孜孜矻矻	努力不懈	好吃懶做
寥寥無幾	屈指可數	車載斗量
席不暇暖	片刻不停	無所事事
後患無窮	養虎留患	斬草除根
無後為大	後繼無人	香火不斷
旁敲側擊	指桑罵槐	明言直說
意興闌珊	索然乏味	意猶未盡

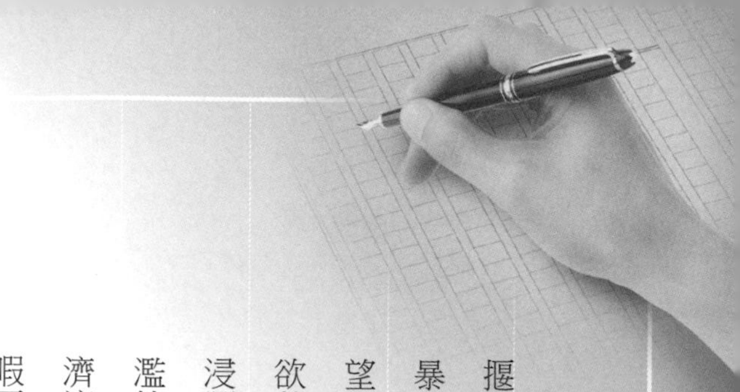

揠苗助長
暴殄天物
望塵莫及
欲蓋彌彰
浸潤之譖
濫竽充數
濟濟一堂
暇不掩瑜
事半功倍
捕風捉影
栩栩如生
朝氣蓬勃
勢如破竹
愁眉苦臉
群策群力
嘆為觀止

欲速不達
揮霍無度
瞠乎其後
自曝其短
甜言蜜語
魚目混珠
齊聚一堂
將功贖罪
大有斬獲
無中生有
唯妙唯肖
生氣勃勃
所向披靡
滿面愁容
集思廣益
讚不絕口

按部就班
物盡其用
迎頭趕上
出類拔萃
忠言逆耳
卓爾不群
門可羅雀
抉瑕掩瑜
事倍功半
實事求是
以假亂真
暮氣沉沉
滯礙難行
歡天喜地
獨斷獨行
不堪入目

圖謀不軌
垂頭喪氣
喜上眉梢
爐火純青
愁眉不展
恍然大悟
置之度外
蓋世之才
對牛彈琴
黔驢技窮
厲兵秣馬
撲朔迷離
寧為玉碎
噤若寒蟬
鄭人買履
談虎色變

居心叵測
無精打采
興高采烈
出神入化
愁眉苦臉
茅塞頓開
置之不理
曠世奇才
置若罔聞
黔驢之技
枕戈待旦
眼花撩亂
不為瓦全
啞口無言
墨守成規
聞風喪膽

循規蹈矩
八面威風
憂心如焚
羽毛未豐
得意洋洋
百思不解
耿耿於懷
市井小民
善解人意
神通廣大
休養生息
水落石出
委曲求全
口若懸河
實事求是
司空見慣

餘音繞樑
箭在弦上
輕於鴻毛
憂心忡忡
興味索然
櫛風沐雨
雞鳴狗盜
騎虎難下
臨渴掘井
舉棋不定
膾炙人口
驚濤駭浪

不絕於耳
蓄勢待發
微不足道
憂心如焚
毫無興致
披星戴月
狼狽為奸
進退維谷
緩不濟急
左右為難
口碑載道
驚心動魄

悶聲不響
偃旗息鼓
重於泰山
滿心歡喜
興致淋漓
安寢無憂
正大光明
順理成章
未雨綢繆
堅定不移
沒沒無聞
風平浪靜

四字部語詞解釋及其相似詞與相反詞

一片冰心：為人不以名利為要，品行高雅。

相似詞：冰心玉壺、嶔崎磊落、嶽峙淵渟。

相反詞：利慾薰心、心懷不軌、卑鄙齷齪。

一介不取：比喻人的操守廉潔，對不屬於自己的財物分毫不取。

相似詞：一毫莫取、一介不苟。

相反詞：貪婪無厭、予取予求。

一諾千金：稱讚別人說話信實，應允的事必付諸行動。

相似詞：季布一諾、一言不再。

相反詞：出爾反爾、墨瀋未乾、朝濟夕版。

大公無私：秉公處理，毫不偏私。

相似詞：秉公無私、大公至正、鐵面無私。

相反詞：假公濟私、徇私舞弊、自私自利。

不卑不亢：不高傲也不自卑。

相似詞：落落大方、彬彬有禮。

相反詞：低三下四、低聲下氣、趾高氣揚、目空一切、奴顏婢膝、仰首伸眉。

不忮不求：為人秉性中正，不存私慾。

相似詞：不嫉不貪、無偏無黨、不偏不倚。

相反詞：汲汲營營、塵勞碌碌、百般鑽營。

不避斧鉞：比喻人英勇不屈的精神。

相似詞：視死如歸、所向無敵、見危致命。

相反詞：貪生怕死、抱頭鼠竄、苟且偷生、獸奔鳥散。

尸位素餐：佔據著職位享受俸祿而不做事。

相似詞：持祿取容、持祿養身、持祿固寵、徒取充位、竊味素餐。

相反詞：枵腹從公、克盡厥職、忠於職守。

火樹銀花：形容燈火通明，燈光燦爛的景象。

相似詞：燈燭輝煌、燈火通明、燈火輝煌、萬家燈火、五光十色。

相反詞：暗無燈火、天昏地暗、黑漆一團、暗無天日、燈火闌珊、暗淡無光。

反璞歸真：歸返原來的面目。

相似詞：歸真返璞、返璞歸真。

相反詞：墮落紅塵。

心如止水：心無他念。

相似詞：心如鐵石。

相反詞：不安於室、紅杏出牆、水性楊花、心旌蕩漾。

心安理得：問心無愧，誠對天地。

相似詞：問心無愧、理愜心安、不愧不作、內省不咎。

相反詞：愧惶無地、無地自容、汗顏無地、自反不縮、俯首包羞。

中流砥柱：比喻獨立不撓、力挽狂瀾的人。

相似詞：國家棟樑、砥礪名節、擎天之柱、柱石之臣。

相反詞：隨波逐流、同流合污、與世浮沉、與世俯仰。

四面楚歌：比喻所處環境艱難困頓，危急無援。

相似詞：泣別虞姬、滄海橫流、八方受敵、楚霸王困垓下、兵交馬踏。

相反詞：歌舞昇平、太平氣象、太平蓋世。

目不見睫：比喻人無自知之明，不能看見自己的過失。

相似詞：目短於自見、自見者不明。

相反詞：自知之明、冷暖自知、離婁之明。

比肩繼踵：指肩並著肩，腳接著腳。形容人多而紛雜。

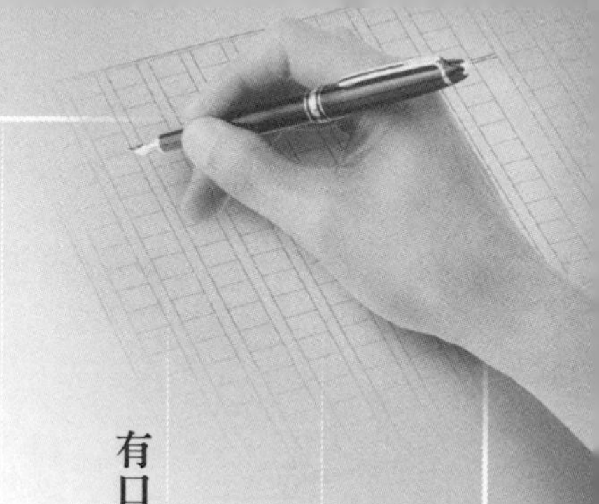

相似詞：接二連三、紛至沓來、人山人海、肩摩踵接、接踵而來、接踵摩肩。
相反詞：寥寥無幾、隻影全無、三三兩兩、門可羅雀、時續時輟、斷斷續續。

有口皆碑：眾人的嘴，都如記載功德的石碑。比喻人人稱讚、頌揚。
相似詞：交口稱譽、口碑載道、普天同慶、歌功頌德、眾口稱善。
相反詞：眾矢之的、怨聲載道、怨聲盈路、千夫所指。

守株待兔：側重於死守過去的經驗，比喻拘泥、不知變通。
相似詞：刻舟求劍、食古不化、墨守成規、膠柱鼓瑟、不勞而獲、坐享其成。
相反詞：見風使舵、見機行事、通權達變、隨機應變。

沐猴而冠：譏諷徒具衣冠而沒有人性的人。
相似詞：沐猴冠冕、衣冠禽獸、暴躁如雷、怒髮衝冠。
相反詞：文質彬彬、衣冠濟楚、秀外慧中、平心易氣。

含沙射影：比喻暗中害人。
相似詞：暗箭傷人、架詞誣控、血口噴人、昭冤中枉、指桑罵槐。
相反詞：開門見山、直截了當、斬釘截鐵、心口如一、刀切斧砍。

沾沾自喜：暗自高興，不為外人知曉。
相似詞：沾沾自滿、得意忘形、趾高氣揚、眉飛色舞、自鳴得意、得意洋洋。

相反詞：垂頭喪氣、愁眉不展、百念皆灰、顰眉蹙額、意志消沉、愁眉苦臉。

沉魚落雁：本指魚鳥不辨美醜，就算看見美麗的女子也同樣趕緊逃離。莊子藉此說明世間無絕對的是非美醜。

相似詞：閉月羞花、花容月貌、羞花閉月、如花似玉、傾國傾城。

相反詞：貌似無鹽、無鹽之貌、奇醜無比。

東窗事發：比喻陰謀或惡行敗露。

相似詞：露出馬腳、破綻百出、原形畢露、真相大白、事跡敗露、紙包不住火。

相反詞：秘而不宣、神不知鬼不覺、瞞天過海、暗渡陳倉。

東施效顰：比喻不衡量本身的條件，而盲目胡亂的模仿他人，以致收到反效果。

相似詞：效顰學步、弄巧成拙、邯鄲學步。

相反詞：儀態萬千、翩翩風采、宜顰宜笑、西子捧心別開生面、獨出心裁。

狗尾續貂：比喻不按才能優劣而濫設官爵。或事物以壞續好，前後不相稱。

相似詞：瓦釜雷鳴、黃鐘毀棄、狗續侯冠、小人得志。

相反詞：畫龍點睛、青出於藍。

拾人牙慧：比喻蹈襲他人的言論或主張。

相似詞：拾人涕唾、吠影吠聲、隨聲附和、人云亦云、鸚鵡學舌。

相反詞：別樹一幟、獨具慧眼、自成一家、標新立異、盡去陳言。

吳牛喘月：比喻見到曾受其害的類似事物而過分害怕驚懼，或形容天氣酷熱。

相似詞：蜀犬吠日、遼東白豕、越犬吠雪、少見多怪、臨事而懼、見識淺短。

相反詞：習以為常、不足為奇、家常便飯、司空見慣、數見不鮮、多如牛毛。

胡作非為：不顧法紀或不講道理的任意妄為。

相似詞：橫行霸道、專橫跋扈、任性妄為、作威作福、肆無忌憚、無法無天、為非作歹、為所欲為、妄作胡為、無惡不作。

相反詞：循規蹈矩、安分守己、樂善好施。

唾手可得：唾手，往手上吐唾沫。唾手可得比喻容易得到。

相似詞：輕而易舉、探囊取物。

相反詞：百世難期、海底撈針。

飲水思源：比喻知恩圖報。

相似詞：結草銜環、銜環結草、狐死首丘、感恩圖報、感恩荷德、知恩報恩。

相反詞：忘恩背義、忘恩負義、數典忘祖、過河拆橋、過橋拆橋、過橋抽板。

投鼠忌器：比喻做事有所顧忌，不敢下手。

相似詞：瞻前顧後、裹足不前、畏首畏尾、有所顧忌。

相反詞：肆無忌憚、無所畏忌、恣意妄為、恣睢無忌、大刀闊斧、當機立斷。

削足適履：意指鞋小腳大，故將腳削小以適應鞋的尺寸。比喻勉強遷就，拘泥舊例不知變通。

相似詞：因噎廢食、刻舟求劍、膠柱鼓瑟、因小失大、尾生之信。

相反詞：百折不撓、達權知變、因地制宜、革故鼎新、改弦更張。

前倨後恭：先前傲慢無禮，後又謙卑恭敬。比喻待人勢利，態度轉變迅速。

相似詞：倨傲鮮腆、倨傲怠慢、趨炎附勢、攀龍趨鳳、鵓鴿子旺邊飛。

相反詞：必恭必敬、赤子之心、恭肅嚴整。

無忝所生：不辱父母，對得起父母的意思。

相似詞：罔極之恩、寸草春暉、菽水承歡、慈烏反哺、缾之罄矣，維罍之恥。

相反詞：忤逆不孝、孤犢觸乳、大逆不道、不孝有三，無後為大。

紈褲子弟：浮華不知人生甘苦的富家子弟。

相似詞：膏粱子弟、公子哥兒、綺綺子弟、花花公子。

相反詞：顛連困苦、繩樞之子、貧窮之士、備嘗艱苦、生靈塗炭。

越俎代庖：指掌管祭祀的人放下祭器代替廚師下廚。後用以比喻踰越自己的職分而代人做事。

相似詞：越職代理、尸祝代庖、不安本分、僭上偪下。

相反詞：安分守己、樂天知命、抱殘守缺、墨守成規。

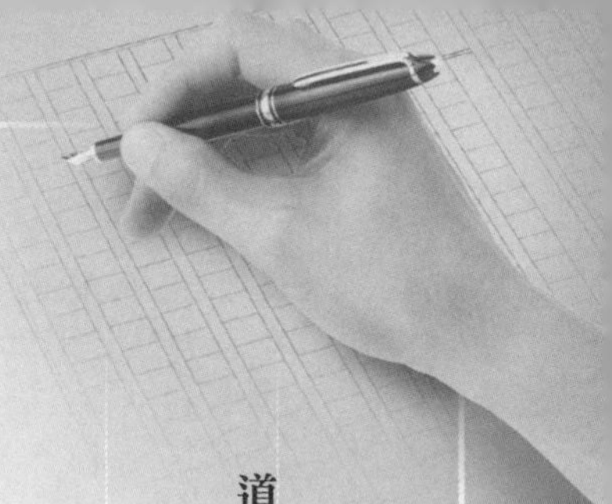

道聽塗說：泛指沒有經過證實、缺乏根據的話。

相似詞：耳食之聞。

相反詞：親見其事、真知灼見。

罄竹難書：即使把所有竹子做成竹簡，也難以寫盡。後用比喻罪狀之多，難以寫盡。

相似詞：擢髮難數、擢髮莫數、不勝枚舉、恆河沙數、不乏其人。

相反詞：豐功偉績、寥寥可數、寥若晨星、屈指可數。

輾轉難眠：心中有事，難以成眠。

相似詞：輾轉不寐、輾轉反側、轉輾反側、一夜無眠、睡臥不寧、臥不安席。

相反詞：高枕而眠、呼呼大睡、昏昏欲睡、臥榻鼾睡、高枕安臥、鼾聲雷動。

作文老師的叮嚀

有一天，某國小中年級的國語老師問一位學生，「認真」的相反詞是什麼？小朋友毫不猶豫的回答說：「不認真。」老師愕然半晌，再問，那麼「成功」的相反詞又是什麼？學生不疑有它的回覆說：「不成功。」

這時，老師便說：「你一定要用相同的字數回答。」學生思忖了一下，立即跟老師說：「老師，請問『要』的相反詞是什麼？」「不要啊！」老師答道。「那麼『會』的相反詞又是什麼呢？」這時，老師的腦海中竟出現「不會」兩個字，可是卻感覺有異，根本說不出口，最後便跟對方解釋說：「『會』和『不會』的字數不同、詞性也不相同，不能相提並論；換句話說，『要』和『會』是單字不是詞，所以不能混為一談。」

為了增進作文詞語的運用能力，學生在學習語文時，必須針對個人的程度，收集各種不同類型的語詞，以相似詞對應反義的詞語，也就是說，讓自己從任何可能有著同義和反義的詞語中，去推敲出更多相對的詞語，而這些詞語的字數必須相同。好比「寧靜」二字有著一樣詞義的相似詞語，如：寂靜、靜謐、清靜、安靜等；反義詞則有：煩囂、煩躁、紛擾、喧鬧、喧嘩、喧囂、嘈雜等。

HB

作文用成語的注意事項

作文用成語的注意事項

成語是一種定型的、意義完整的詞組或短語，又稱「固定詞組」。《辭源》對「成語」的注釋如是說道：「謂古語也，凡流行於社會，可證引以表示己意者皆是。」

成語是言語中最精練而又富生命力的部分，語源甚廣，主要從民間謠諺而來，其次從古代文學作品、古詩、名言警句、典故、諺語、俚語、寓言中截取，或為一則故事所引申的名言佳句；還有的是從民間口語相傳的警世箴言轉化而成。這些詞語經過長期的修潤、衍繹而流傳下來，千錘百鍊的為人所喜聞樂見。

成語具有文化傳承性，為約定俗成的習慣用語，其組織結構不可任意更易，也不容隨興杜撰，每句成語均蘊含古人的智慧與先民生活的寫照。

成語內涵豐富，短短四字或一句話，即可表達複雜的意思，運用得當，更可收到言簡意賅的效果。成語的來源各有不同，卻有共同的語文特點：

一、**成語字數**：一般為四個字，間或有不同，但比較少見。

二、基本結構：成語的基本結構固定，類型卻多樣化。四字成語可分為兩個部分，前兩個字為一部分，後兩個字又是另一部分。兩個部分之間有某種關係，如：

限制與被限制關係，如：一心一意、千變萬化、搖頭晃腦、半斤八兩。

修飾與被修飾關係，如：驚弓之鳥、鼎鼎大名、忐忑不安、嫣然一笑。

陳述與被陳述關係，如：夜郎自大、水火不容、唇齒相依、能者為師。

支配與被支配關係，如：別開生面、不咎既往。

行為與動機的關係，如：刻舟求劍、揠苗助長。

四字成語除「二二」組合外，還有「三一」組合，如「目不識丁」、「名副其實」、「一衣帶水」。

三、修辭傾向：不少成語是借助修辭手法所形成，大部分成語都採用比喻和誇張的修辭技巧。如：

金玉之言：以金玉比喻一些意見的寶貴。（比喻）

如飢似渴：以飢渴的狀態比喻要求十分迫切。（比喻）

狼心狗肺：以狼狗的心思比喻壞人的心胸險惡。（比喻）

口若懸河：誇張地形容人講話時，像急流的水傾瀉下來一樣，滔滔不絕。（誇張）

彈丸之地：誇張地形容某個地方像一顆彈丸般細小。（誇張）

心心相印：「心」字被重疊使用。（疊字）

十年樹木，百年樹人：兩個語句對稱。（對稱）

不倫不類：倫和類的聲母相同。（疊韻）

天真爛漫：爛和漫的韻母相同。（疊韻）

四、語法運用：成語的意思各有不同，若把它們放在不同句子中，即可擔當不同的功能。如「對比成語」：

一舉兩得　一鱗半爪　七手八腳　七折八扣　七拼八湊　七情六慾　七葷八素　七零八落

七嘴八舌　上山下海　上天下地　上行下效　千山萬水　千方百計　千辛萬苦　千呼萬喚

千奇百怪　千秋萬世　千軍萬馬　千真萬確　千嬌百媚　千瘡百孔　千頭萬緒　千錘百鍊

口是心非　大才小用　大同小異　大呼小叫　大街小巷　大驚小怪　小題大作　山光水色

山明水秀　山珍海味　山高水遠　山崩地裂　五顏六色　仁人志士　仁至義盡　內憂外患

凶多吉少　化險為夷　天昏地暗　天長地久　天南地北　天時地利　天荒地老　天高地厚

天旋地轉　天涯海角　天造地設　天寒地凍　天經地義　天誅地滅　天羅地網　日新月異

日積月累　月明星稀　水深火熱　牛鬼蛇神　以德報怨　兄友弟恭　出生入死　半斤八兩
失魂落魄　左支右絀　左思右想　左鄰右舍　左擁右抱　左顧右盼　生龍活虎　生離死別
先公後私　先斬後奏　先禮後兵　冰天雪地　早出晚歸　有始無終　有勇無謀　有氣無力
有教無類　有眼無珠　有備無患　死去活來　耳提面命　耳濡目染　耳聰目明　行易知難
行屍走肉　似是而非　你丟我撿　你爭我奪　兵荒馬亂　冷嘲熱諷　弄巧成拙　弄假成真
扶老攜幼　投桃報李　抑強扶弱　李代桃僵　男婚女嫁　秀外慧中　身強體壯　來龍去脈
呼天搶地　呼風喚雨　披星戴月　披荊斬棘　披麻帶孝　明爭暗鬥　明查暗訪　明槍暗箭
昏天暗地　東奔西跑　東倒西歪　東張西望　東飄西盪　東鱗西爪　狐假虎威　狐群狗黨
臥虎藏龍　花前月下　花街柳巷　虎背熊腰　虎頭蛇尾　金科玉律　長吁短嘆　門當戶對
前仆後繼　前因後果　南來北往　南征北討　南船北馬　南轅北轍　指東問西　春花秋月
柳暗花明　柳綠桃紅　穿針引線　紅男綠女　紅花綠葉　胡作非為　胡言亂語　胡思亂想
苦盡甘來　重蹈覆轍　風土人情　風平浪靜　風吹雨打　風吹草動　風起雲湧　風調雨順
飛天遁地　飛禽走獸　飛簷走壁　弱肉強食　恩將仇報　海枯石爛　海闊天空　狼心狗肺
狼吞虎嚥　神出鬼沒　胼手胝足　逆來順受　除舊佈新　鬼哭神號　偷工減料　偷天換日
偷香竊玉　偷龍轉鳳　偷雞摸狗　情投意合　推陳出新　排山倒海　捨本逐末　捨近求遠
棄暗投明　深入淺出　深思熟慮　眼明手快　眼高手低　移山倒海　移花接木　移風易俗

移情別戀　博古通今　喜新厭舊　尋死覓活　尋花問柳　尋幽訪勝　循規蹈矩　朝令夕改
朝思暮想　朝秦暮楚　跋山涉水　開天闢地　陽奉陰違　經天緯地　經年累月　雷大雨小
僧多粥少　獐頭鼠目　綠肥紅瘦　緊鑼密鼓　聚少離多　舞文弄墨　遠交近攻　窮山惡水
窮兵黷武　窮途末路　窮鄉僻壤　緣淺情深　鋪天蓋地　橫七豎八　橫行霸道　橫衝直撞
燈紅酒綠　積少成多　龍兄虎弟　龍爭虎鬥　龍飛鳳舞　龍蟠虎踞　聲東擊西　聲嘶力竭
膽顫心驚　避重就輕　瞻前顧後　翻山越嶺　翻天覆地　翻來覆去　翻雲覆雨　翻箱倒篋
舊雨新知　舊恨新愁　舊瓶新裝　藍天白雲　雞飛狗跳　顧此失彼　歡天喜地　驚天動地
驚心動魄

常用的成語接龍

成語接龍屬於語文常識訓練的遊戲之一，不少國小的國語課喜歡以這種方式讓學生認識成語、熟悉成語。

一顯身手→手無寸鐵→鐵樹開花→花前月下→下堂求去→去暗投明→明哲保身→身體力行→行

雲流水↓水火無情↓情竇初開↓開門見山↓山高水長↓長生不老↓老蚌生珠↓珠胎暗結↓結髮夫妻↓妻離子散

三思而行↓行有餘力↓力不從心↓心安理得↓得心應手↓手到擒來↓來歷不明↓明知故犯↓犯上作亂↓亂臣賊子↓子虛烏有↓有口難言↓言而有信↓信口雌黃↓黃道吉日↓日薄西山↓山窮水盡↓盡善盡美↓美中不足↓足智多謀↓謀財害命↓命不由人↓人山人海↓海闊天空↓空前絕後↓後顧之憂↓憂國憂民↓民不聊生↓生龍活虎↓虎頭蛇尾↓尾大不掉↓掉頭不顧↓顧名思義↓義不容辭↓辭不達意↓意氣用事↓事出有因↓因果報應↓應對如流↓流離失所↓所向無敵

風調雨順↓順手牽羊↓羊入虎口↓口蜜腹劍↓劍拔弩張↓張燈結彩↓彩鳳隋鴉↓鴉雀無聲↓聲東擊西↓西方淨土↓土崩瓦解↓解衣推食↓食指浩繁↓繁絃急管↓管鮑分金↓金玉良言↓言聽計從↓從容不迫↓迫不及待↓待人接物↓物極必反↓反璞歸真↓真知灼見↓見義勇為↓為富不仁↓仁民愛物↓物換星移↓移山倒海↓海底撈針↓針鋒相對↓對酒當歌↓歌功頌德

英勇善戰↓戰戰兢兢↓兢兢業業↓業已辦妥↓妥善安排↓排除萬難↓難分難捨↓捨近求遠↓遠走高飛↓飛沙走石↓石破天驚↓驚為天人↓人定勝天↓天下為公↓公私分明↓明哲保身↓身不由己

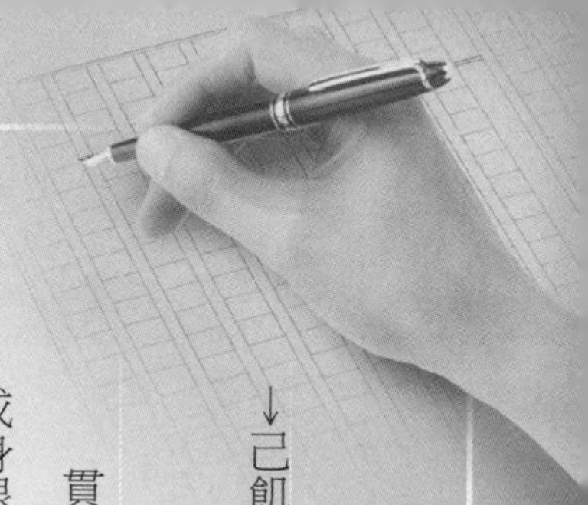

↓己飢己溺↓溺於酒色

貫徹始終↓終身大事↓事事如意↓意氣揚揚↓揚眉吐氣↓氣象萬千↓千軍萬馬↓馬到成功↓功成身退↓退避三舍↓舍生取義↓義薄雲天↓天涯海角↓角逐勝負↓負米養親↓親愛精誠↓誠意正心↓心腹之患↓患難之交↓交頭接耳↓耳順之年↓年壯氣盛↓盛氣凌人↓人財兩空↓空穴來風↓風花雪月↓月圓花好↓好逸惡勞↓勞師動眾↓眾口鑠金↓金雞獨立↓立身處世↓世故人情↓情之所鍾↓鍾靈毓秀↓秀外慧中↓中庸之道↓道聽塗說↓說一不二↓二八年華↓華而不實↓實事求是↓是非之心↓心平氣和↓和而不同↓同舟共濟↓濟世之才↓才高八斗

誤用成語和寫錯成語

漢語成語博大精深，有一些常用的成語一直被錯用，並誤解其本意。如：

一語成讖：常被誤寫成「一語成殲」。

一言九鼎：比喻說話有份量，能起大作用；常被誤用來表示守信用。

三人成虎：傳言有老虎出現的人很多，大家便相信了；常被誤為團結力量大。

川流不息：常被誤寫成「穿流不息」。

分道揚鑣：用以比喻志向不同，各走各的路；常被誤寫為「分道揚鏢」。

以茲表揚：以此物做表揚的意思；常被誤寫為「以資表揚」。

目無全牛：形容技藝已達到十分純熟的地步；常被誤會為具有貶義。

石破天驚：比喻文章議論新奇驚人；常被誤用來形容各種驚人消息。

不孚眾望：不能使大家信服，未符合大家的期望；常被誤用來形容不辜負大家的期望。

方興未艾：形容形勢或事物正在蓬勃發展；常被誤用來表示事物剛剛興起，未形成氣候。

空穴來風：指有根有據的事，常被誤解成捕風捉影的意思。

如法炮製：以火來熬煉曰「炮」（ㄆㄠˊ），用水浸潤曰「泡」；常被誤用為「如法泡製」。

投桃報李：比喻朋友間友好往來或相互贈答；常被誤解為向對方報復。

每下愈況：指「道」在愈低下的層次或物質上看得愈清楚，常被誤解成「每況愈下」。

夜以繼日：《孟子．離婁》「其有不合者，夜以繼日。」常被誤解為「日以繼夜」。

怵目驚心：形容景象恐怖，令人懼怕；常被誤寫成「觸目驚心」。

明日黃花：比喻已失去新聞價值的報導，或已失去應時作用的事物；常被誤寫為「昨日黃花」。

美輪美奐：只能形容房屋高大美麗；不是舉凡美好事物都可以用。

首當其衝：比喻最先受到攻擊或遭遇災害；常被誤解為衝鋒在前。

望其項背：表示趕得上或比得上；常被誤解為「趕不上」。

差強人意：大體上使人滿意；常被誤解為不能使人滿意。

鬼斧神工：形容建築、雕塑等技藝精巧，非人力所能為；常被誤用來形容壯觀的自然景物。

始作俑者：比喻某種惡劣風氣的創始人；常被誤解為第一個做某件事或某項任務的人。

炙手可熱：比喻權勢大，氣焰盛，使人不敢接近；常被誤用來形容討喜的事物。

萬人空巷：街上人山人海、慶祝等盛況；常被誤用來表示街上空無一人。

奉為圭臬：把某些事物、言論奉為準則；常被誤用來表示將某人奉為某領域的創始人。

附庸風雅：為了裝點門面而結交名士，含有貶義；常被誤解為具有褒義。

按部就班：與「循序漸進」同義；常被誤寫成「按步就班」。

病入膏肓：指人病重，無藥可救；常誤寫為「病入膏盲」。

破鏡重圓：比喻夫妻離散或情感決裂後重新團圓合好；只能用於「夫妻」關係。

鬼鬼祟祟：行事不光明的樣子。含有貶義；常被誤寫為「鬼鬼崇崇」。

梅開二度：只能用在女人二度結婚時，不用在男人身上。

趾高氣揚：走路時把腳抬得很高，十分神氣的樣子；常被誤寫為「指高氣揚」。

唾手可得：唾手，往手上吐唾沫，比喻容易得到；常被誤寫成「垂手可得」。

無可非議：沒什麼可指責的，表示言行完全合乎情理；常被誤解為「無可厚非」。

置若罔聞：指對批評、勸告、抗議等不予理睬；易與「置之度外」誤用。

既往不咎：常被誤寫成「既往不究」。

義無反顧：為正義而勇往直前；常被誤解為毫不猶豫地做壞事。

鳩佔鵲巢：指男子願意把自己辛苦建立的家產與心儀的女子分享；常被誤解為「公然侵占」。

慘綠少年：用來形容有大好前程的年輕人；常被誤以為慘綠少年必然很「慘」。

慘澹經營：形容開創事業時的艱苦或苦心費力經營，含有褒義；常被誤解為具有貶義。

鋌而走險：比喻被環境所迫而做出冒險或越軌的事；常被誤寫成「挺而走險」。

聲名狼藉：比喻名聲非常惡劣。含有貶義；常被誤寫為「聲名狼籍」。

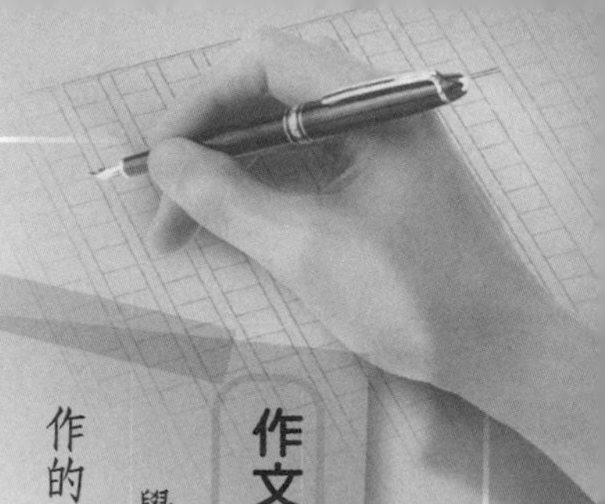

作文老師的叮嚀

學校的老師常會告訴同學，作文要寫得比別人好，一定要多用成語，這種話聽進常寫作的人的耳裡，感覺很不舒服；作文要寫得好，不一定要多用成語，而是善用成語，許多學生並不十分瞭解成語真正的典故及其原意，寫作時胡亂套用幾句成語，即以為他的文章寫得「很有水準」。

這不是正確的寫作態度。

認識成語，無非是讓寫作者知道詞語的運用。沒能清楚成語的來歷即隨便濫用，只會使文章更僵化；文章要寫得好，必須懂得把成語和其他文字一併融會貫通，才能組合出生動的文句，進而產生意境。有一位學生大量運用成語寫作，結果作文變得四不像，很難使人品味：

小華在作文簿上寫道：「我的家有爸爸媽媽和我三個人，每天一早，我們就**分道揚鑣**，**各奔前程**，直到晚上才**殊途同歸**。

爸爸是建築師，每天在工地上**比手劃腳**；媽媽是售貨員，每天在商店裡**招搖撞騙**、**來者不拒**；我是學生，每天在教室裡**目瞪口呆**、**充耳不聞**。

我們雖然**臭氣相投**，但有時候，爸爸也會**同室操戈**，**心狠手辣**地揍得我**遍體鱗傷**、**五

體投地，媽媽在一旁**袖手旁觀**，**視若無睹**，從來不曾**見義勇為**，甚至**助紂為虐**。」

老師竟在他的文章後面批道：

你的父母不顧你是**一丘之貉**，竟然**同流合污**，對你**上下其手**。你能**節哀順變**，**苟延殘喘**的精神可嘉，希能**忍辱偷生**，斷不可**無疾而終**，並可以**量級不符**為由，拒絕出賽。

還有一位學生寫得更離譜，未及一千個字的文章幾乎全以成語貫穿全文：

出門前，我那**徐娘半老**的媽媽打扮得**花枝招展**，**鬼斧神工**到一點也看不出是個**糟糠之妻**。頭頂**羽毛未豐**的爸爸也趕緊**洗心革面**、**沐猴而冠**，換上**雙管齊下**的西裝後英俊得**慘絕人寰**，**雞飛狗跳**到讓人**退避三舍**。**東施效顰**愛漂亮的妹妹更是穿上調整型內衣**愚公移山**，**畫虎類犬**地打扮的**豔光四射**，**趾高氣昂**地穿上新買的高跟鞋。

我們**一丘之貉**坐著**素車白馬**，很快地到了動物園，不料參觀的人多到**豺狼當道**、**草木皆兵**，害我們一家**骨肉分離**。**妻離子散**的爸爸**鞠躬盡瘁**地到處廣播，終於找到到差點**認賊作父**的我和**遇人不淑**的妹妹，**困獸之鬥**中，我們**螳臂當車**、**力排眾議推己及人**地擠到猴子柵欄前，**魚目混珠**拍了張**強顏歡笑**的全家福。

接著到**雞鳴狗盜**的鳥園欣賞**風聲鶴唳**、**哀鴻遍野**的大自然美妙音樂。後來爸爸**口沫橫**

飛地為我們**指鹿為馬**時，吹來一陣涼風，**唾面自乾**的滋味，讓人**毛骨悚然**、**不寒而慄**，媽媽連忙為爸爸**黃袍加身**，也叮囑我們要**克紹其裘**。

到了傍晚，因為假日的關係，餐廳家家**鵲佔鳩巢**、**六畜興旺**，所以媽媽帶著我們**孟母三遷**，最後終於決定吃火鍋。有家餐廳剛換壁紙，**家徒四壁**很是美麗，**燈火闌珊**配上**四面楚歌**，非常有氣氛。**十面埋伏**的女服務生們四處**招蜂引蝶**，忙著為客人**圍魏救趙**，**口蜜腹劍**到讓人誤認到了西方**極樂世界**。

飢不擇食的我們點了綜合火鍋，**坐懷不亂**的爸爸**當頭棒喝**、**先發制人**，要求**為虎作倀**拿著刀子**班門弄斧**的女服務生，快點將狡兔**兔死狗烹**，因為**尸位素餐**的我們一家子早就添**油加醋**完畢，就等著火鍋趕快**沈魚落雁**好**問鼎中原**，可惜鍋蓋太小，有點**欲蓋彌彰**。

湯料沸騰後，熱得**樂不思蜀**的我們趕緊**解衣推食**好**大義滅親**、**上下其手**，**一網打盡**撈個**水落石出**。

火鍋在我們**呼天搶地**、**面紅耳赤**地**蠶食鯨吞**後，很快就只剩**滄海一粟**，和少數的**漏網之魚**。**母範猶存**的媽媽想要**丟三落四**放冬粉時，發現火苗已經**危在旦夕**，只好**投鼠忌器**。幸好**狐假虎威**的爸爸**呼盧喝雉**叫來店員**抱薪救火**，終於**死灰復燃**，也讓**如坐針毯**的我們中**飽私囊**。**鳥盡弓藏**後，我們一家子**酒囊飯袋**、**沆瀣一氣**，我和妹妹更是**小人得志**，**沾沾自喜**。

不料結帳的時候，老闆露出**廬山真面目**，居然要**一飯千金**，爸爸氣得**吳牛喘月**，媽媽也委屈地**牛衣對泣**。

啊！這**三生有幸**的中秋節，就在爸爸對著錢包**自慚形穢**、**大義滅親**後，我們全家**江郎才盡**，**一敗塗地**！

作者在這一篇文章裡所使用的成語，全以字面的意思為考量，根本沒顧及成語的原始意義，讀來除了令人噴飯之外，更覺濫用成語的結果，只會壞了文章的素質，只「不堪入目」可言。

HB

修辭是文字的化妝師

修辭是文字的化妝師

舉凡為詩作文，積字成詞，綴詞成句，互有關聯；古今中外的文人作家，都會運用不同的修辭，把文字修飾得更加生動、具體，以使文章讀來豐富多彩。修辭，是用來啟發想像，用來表達思想感情，類型繁多，包括：轉品、借代、轉化、鑲嵌、摹寫、藏詞、析字、引用、誇飾、映襯、雙關、類疊、婉曲、象徵、倒裝、感嘆、設問、譬喻、示現、呼告、對偶、排比、層遞、頂真、回文、錯綜、跳脫、倒反、對比、諷刺、標語、互文、呼告、仿擬、衍文、移覺、析數格等。

「修辭」是為了增強言辭與文句效果的文字藝術手法，主要作用為修飾文章、語言，以為吸引別人的注意力，並加深別人對作品的印象和抒情效果。中國先秦時代早就提及有關修辭的零星言論。其間，莊子的論點，十分重視寓言的效果；惠施也特別在意用比喻手法來解釋他對於文字修飾的意見。劉勰的《文心雕龍》中，首部關於「修辭」的書，對於修辭的解讀，其意思和現代理解的修辭意義相同。

修辭的作用

溫暖的春天已經來了，天氣變暖和了。（溫暖為修辭，用來形容春天。）
時間過得很快，所以我們要把握光陰。（很快為修辭，用來形容時間。）
媽媽長得很美麗，姊姊長得也很嬌豔。（美麗和嬌豔為修辭，用來形容媽媽和姊姊。）
小橋依舊靜靜站著，樹木仍然濃綠成蔭。（靜靜和濃綠成蔭為修辭，用來形容小橋和樹木。）
他的品行良好，老師常嘉許他，同學也稱讚他。（良好為修辭，用來形容品行。）
小孩是最純潔的，也是最天真的。（純潔和天真為修辭，用來形容小孩。）
顏老師喜歡寫文章，也熱愛教書的工作。（喜歡和熱愛為修辭，用來形容寫文章和教書。）
他的作文頂呱呱，書法也是一級棒。（頂呱呱和一級棒為修辭，用來形容作文和書法。）

有趣的廣告用字修辭

修辭指的是人們在組織和修飾語言和文字中，為了提高語言表達效果所形成的用語模式，具有特定結構、方法和功能。在寫作和說話表達過程中，為了增強文字和語言的形象，使用修辭手法的例子比比皆是，尤其商業時代，各類產品的廣告宣傳用字，極盡所能的在文字與修辭間大玩文字遊

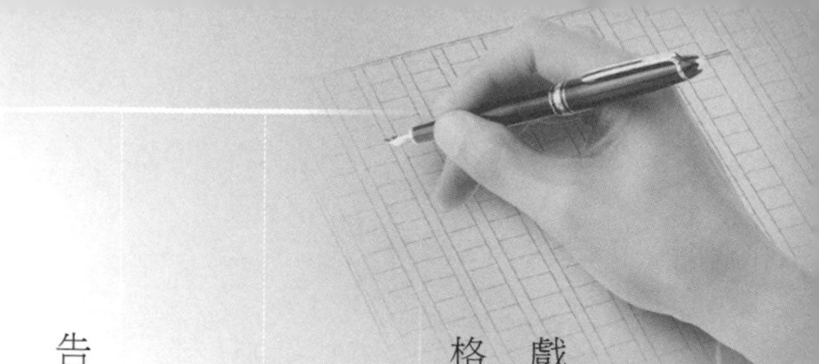

戲。廣告文字最常使用的修辭，大抵為：誇張、比喻、仿詞、對偶、排比、引用、反復、雙關等辭格。

Call機報氣象，Call說白話。——電信廣告（排比、類疊、轉化）

一家烤肉萬家香。——烤肉醬廣告（誇飾、映襯）

「三日入廚下，洗手作羹湯，未諳姑食性，先遣小姑嚐。」嗯！有媽媽的味道喔！——醬油廣告（引用、譬喻）

也許妳有時間慢慢等指甲油乾；也許妳忙得像打仗。——指甲油廣告（類疊、譬喻、映襯）

大人送孫中山，我送妳元本山，祝妳美麗如山。——海苔廣告（借代、排比、類疊、譬喻）

女人可不能靠粉過日子。——保養品廣告（誇飾）

小而美、小而冷、小而省。——冷氣廣告（排比、類疊）

不在乎天長地久，只在乎曾經擁有。——手錶廣告（排比、類疊、映襯）

不會太甜，不會太鹹，有醍醐味。——醬油廣告（排比、類疊、借代）

中油為大家加油，請大家為台灣加油。——石油廣告（層遞、排比、類疊）

什麼都有，什麼都賣，什麼都不奇怪！——奇摩拍賣廣告（類疊）

什麼最青？台灣啤酒最青。——酒品廣告（設問、誇飾、類疊）

太太的手像一把尺，怕我彎腰，怕我發胖。——奶粉廣告（譬喻、排比、類疊）

世界上最重要的一部車是爸爸的肩膀。——汽車廣告（譬喻）

去除角質，就是做好臉的水土保持。——洗面乳廣告（轉化）

只溶你口，不溶你手。——巧克力廣告（排比、類疊、映襯）

台灣女孩都像妳這樣年輕嗎？——保養品廣告（設問）

台灣頭走到台灣尾，台灣哪一條路我沒有走過？——電信廣告（設問、誇飾、類疊）

四十歲像一尾活龍。——藥品廣告（譬喻）

它捉得住我。——相機廣告（轉化、擬人）

正反、反正都很正！——手機廣告（頂真）

全家就是你家。——便利商店廣告（譬喻）

全國電子足感心。——商店廣告（形容）

在電梯裡，只有我的手機不會睡著。——電信廣告（轉化）

好太太、好媽媽、好婆婆。——藥品廣告（排比、類疊、層遞）

曲線窈窕非夢事〈菲夢絲〉。——瘦身廣告（雙關）

此刻、此生，伴我真。——鑽石廣告（類疊、層遞）

老ㄟ，今日吃菜了沒？——醬瓜廣告（設問）

你這個小飛利浦！什麼是飛利浦呀？——燈泡廣告（借代、設問）

我不能改變身分證上的年齡，但可以改變看起來的年齡。——保養品廣告（排比、類疊、映襯）

我以後也要長得像大樹一樣高喔！——奶粉廣告（譬喻、誇飾）

我每天只睡一個小時，皮膚依然晶瑩剔透。——保養品廣告（雙關）

我的臉好油，油到可以煎蛋了。——洗面乳廣告（誇飾）

我們的光采，來自你的風采。——洗髮精廣告（排比、類疊、層遞）

每一個馬桶都是英雄，只要一個按鈕，它會沖去你所有煩憂。——馬桶廣告（譬喻、轉化、誇飾）

肝若好，人生是彩色的；肝若不好，人生是黑白的。——藥品廣告（排比、類疊、映襯、譬喻）

乎乾啦！——酒品廣告（呼告）

妳在看我嗎？沒關係，妳可以再靠近一點。——保養品廣告（設問）

妳是我的巧克力。——巧克力廣告（譬喻、轉化）

拍誰像誰，誰拍誰誰都得像誰。——相機廣告（頂真）

勁量電池渾身是勁。——電池廣告（轉化、誇飾）

後座舒適寬大，整個籃球隊都坐進來也沒問題。——汽車廣告（誇飾）

柔柔亮亮，閃閃動人，輕輕一撥回復漂亮的髮型。——洗髮精廣告（類疊、誇飾、摹寫）

看得見柔軟，摸得到滑順。——洗髮精廣告（摹寫、對偶）

要刮別人的鬍子之前，先把自己的鬍子刮乾淨。——刮鬍刀廣告（雙關）

紙有春風最溫柔。——面紙廣告（雙關）

馬路如虎口。——公益廣告（譬喻）

做一個讓男人無法一手掌握的女人。——美容廣告（雙關、摹寫）

啊！福氣啦！——飲料廣告（呼告）

殺檸檬是不道德的。——飲料廣告（轉化）

最大的小車。——汽車廣告（映襯）

喜歡嗎？爸爸買給你！——公益彩券廣告（設問、感嘆）

就是這個光，是外星人嗎？是飛碟嗎？——飲料廣告（排比、類疊、設問）

慈母心、豆腐心。——豆腐廣告（排比）

電視上的美女不化妝，就像乾燥的玫瑰。——化粧品廣告（譬喻）

綠就是綠，紅就是紅，藍就是藍。我只要最好的。——軟片廣告（排比、類疊、摹寫）

遠傳帶您進入電信的交響樂時代。——電信廣告（轉化）

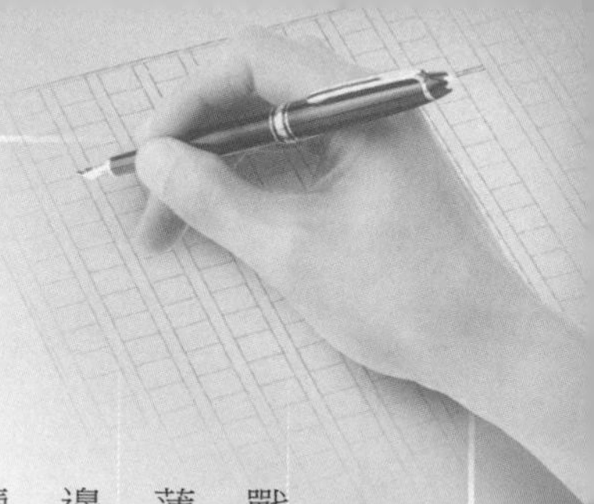

戰得無眠無日。——提神飲料廣告（誇飾）

薄的讓我幾乎忘了它的存在。——女性用品廣告（誇飾、摹寫）

邊吃邊配，邊配邊吃。——餅乾廣告（回文、頂真）

讀書抓重點，吃麵挑生鮮。——速食麵廣告（對偶）

讓妳的秀髮狂野起來。——洗髮精廣告（轉化）

讓孩子長得像樹一樣高。——奶粉廣告（譬喻、誇飾）

鑽石恆久遠，一顆永流傳。——鑽石廣告（排比）

作文老師的叮嚀

漢語最早出現「修辭」一詞，就在《易經》：「修辭立其誠。」這句話是指「修飾文辭」的意思。修辭的「辭」可以分為：寫文章所用的「文辭」，和口頭說話所用的「言辭」，言辭又叫語辭。最初的修辭和語言一樣，重心都在說話方面；就連「辭」這個字，最初是拿來用在語言上的，而非文字的組合。《說文解字》說：「訟辭也。」表示「辭」是先言辭，後來才轉向文辭發展。

因此，熟悉修辭法，有助於從分析文章的組織結構、措辭造句等技巧中，學習到寫作方法。

譬喻：春天，像剛落地的娃娃，從頭到腳都是新的，它生長著。——朱自清．春

誇飾：女兒不禁淚流滿面，一碗白飯差點兒吃成了稀飯。——廖玉蕙．心疼

轉化：火車喘著氣靠了站，沒有一個旅客下車散步。——子敏．火車

映襯：有理走遍天下，無理寸步難行。——俚語

設問：君自故鄉來，應知故鄉事；來日綺窗前，寒梅著花未？——王維．雜詩

借代：無「絲竹」之亂耳，無「案牘」之勞形。——劉禹錫．陋室銘

摹寫：日出江花紅勝火，春來江水綠如藍。——白居易．憶江南詞（靜態視覺）

回文：喝酒不開車，開車不喝酒。——公益廣告

頂真：大河源於小溪，小溪來自山。——藍蔭鼎．飲水思源

對偶：白日依山盡，黃河入海流。欲窮千里目，更上一層樓。——王之渙．登鸛鵲樓

排比：仁者不憂，智者不惑，勇者不懼。——論語

互文：不以物喜，不以己悲。——范仲淹．岳陽樓記

鑲嵌：歸「去來」兮，田園將蕪胡不歸？——陶潛．歸去來辭

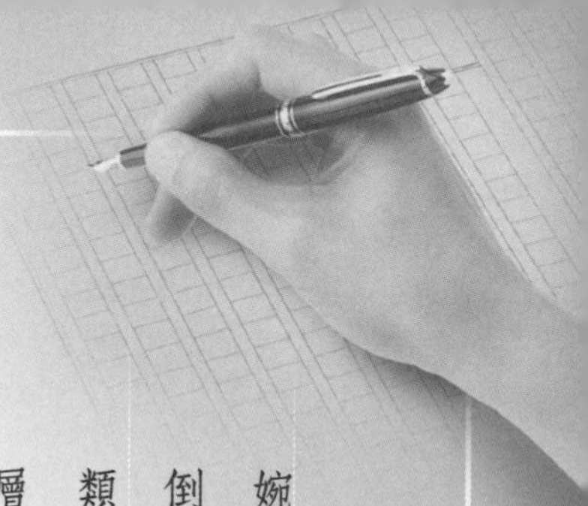

婉曲：生孩六月，「慈父見背」；行年四歲，「舅奪母志」。——李密．陳情表

倒裝：紅豆啄餘鸚鵡粒，碧梧棲老鳳凰枝。——杜甫．秋興詩

類疊：尋尋覓覓，冷冷清清，悽悽慘慘戚戚。——李清照．聲聲慢

層遞：天時不如地利，地利不如人和。——孟子．公孫丑

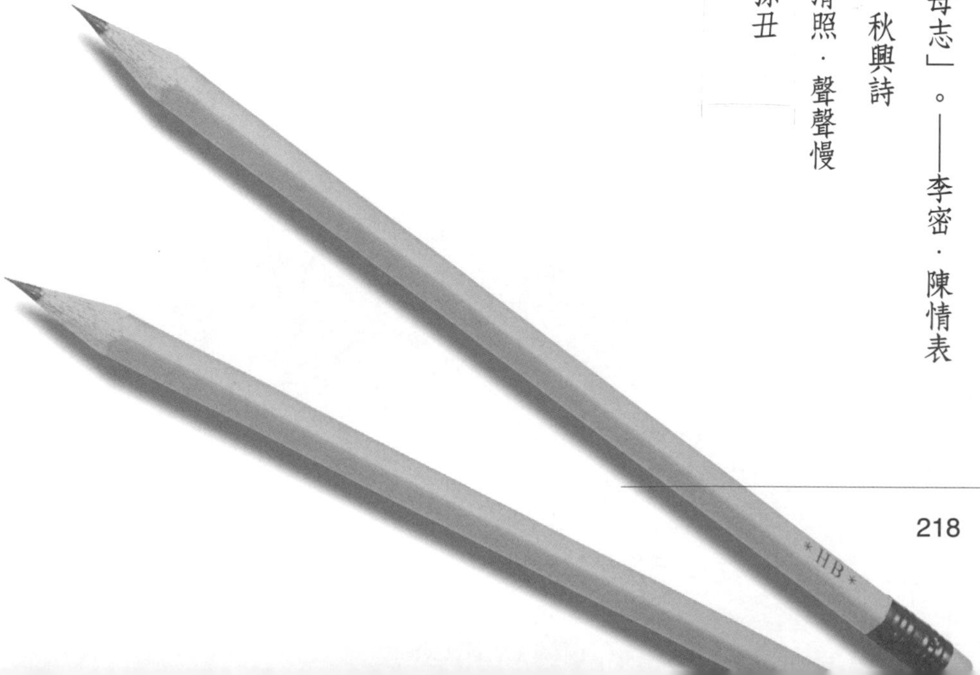

抒情文的寫作用字技法

抒情文的寫作用字技法

抒情文是抒發情感的文體，以情感的醞釀、生出、存續和變化，做為抒寫的主要題材，屬於內心感覺、感動的表述。古人將抒情文所抒發的情感，分為喜、怒、哀、樂、愛、惡、欲七情，若以文章的形式區分，抒情文大致又可分成兩類：有韻的抒情文和無韻的抒情文。

有韻的抒情文盛行古代，詩、詞、歌、賦、贈序、墓銘、祭文、碑誌等屬之；無韻的抒情文通行現代，以散行的語體寫作，文章不長，取材多自身旁瑣碎，以直抒胸臆、盡性盡情為能事；或稱為「小品文」、「散文」。

若以抒情文為作文前提，再以其寫作的題材來源分別，抒情文還有以下五種分法：因「景」生情的抒情文、因「事」生情的抒情文、因「物」生情的抒情文、因「人」生情的抒情文、因「理」生情的抒情文。

抒情文的題材

抒情文的本質發自感情，情感的發生由於物象觸動，而感情的觸發，其題材不外乎對景、對事、對物、對人和對回憶的感懷。

因景生情：如李煜的〈相見歡〉：「無言獨上西樓，月如鉤，寂寞梧桐深院鎖清秋，剪不斷，理還亂，是離愁，別是一般滋味在心頭。」都是因觸景所感，而抒發出真摯的情。

因事生情：如李後主的〈虞美人〉：「春花秋月何時了？往事知多少！小樓昨夜又東風，故國不堪回首月明中、雕欄玉砌應猶在，只是朱顏改。問君能有幾多愁？恰似一江春水向東流。」因事而發生了感情，抒之成文，寫來悲憤鬱結。

因物生情：以真情感受去描寫物的性質、變化，並藉物比喻自己的情感，使個人的情感獲得適當的發洩。如：寵物、無生命的物體。

因人生情：如韓愈的〈祭十二郎文〉，其文「取於心而注於手」，熔敘事、抒情、議論於一爐，其形象描述的手法，令人讀之深有感悟，語言生動無比，復以清晰的條理、嚴密的邏輯帶出濃厚的感性語言，是用抒情文寫人之最。

因理生情：如林覺民的〈與妻訣別書〉，先有情，再加以說理，理論千萬不可搶了風采。

抒情文的寫作情感

梁啟超先生把抒情文的寫作方法分成三種：

（1）**奔迸的表情法**：一種突變的感情，是由意外過度的刺激而生，內心毫不隱瞞，詞句不用多加修飾，語句與生命接合在一起。

（2）**迴盪的表情法**：一種胸中的濃厚情意，像蠶抽絲一樣，一層深進一層，它是曲線式或多角式的表現。

（3）**含蓄的表情法**：這種抒情的方法是在濃情時刻，用平淡的詞句去節制表達，使人慢慢體會出內在深厚的情感。

1922年，梁啟超在《中國韻文裡頭所表現的情感》第三章「奔迸的表情法」說：向來寫情感的，多半是以含蓄蘊藉為原則。像那彈琴的弦外之音，像吃橄欖的那點回甘味兒，是我們中國文學家所最樂道。但是有一類的情感，是要忽然奔迸一瀉無餘的。我們可以給這類文學起一外名，叫做「奔迸的表情法。」……凡這一類，都是情感突變，一燒燒到「白熱度」；便一毫不隱瞞，一毫不修飾，照那情感的原樣子，迸裂到字句上。我們既承認情感越發真越發神聖，講真，沒有真得過這一類了。這類文學，真是和那作者的生命分劈不開——至少也是當他做出這幾句話那一秒鐘時候，語句和生命是迸合為一。這種生命是要親歷其境的人自己創造，別人斷乎不能替代。……這些沉痛，都是他心坎中原來有的，所以寫得能夠如此動人。所以這一類我認為是情感文中之聖。

抒情文的用字運筆

掌握中心思想：抒發自己內心的情感，首重「先要有情」。「至情、至性」才能有「至文」。

從事實中取材：從生活小細節體會感動，再用文字表現出來。

感情豐富誠摯：內心先有感動，再以誠摯的心表現，要言之有物，做到「情盡乎辭」的境界。

有個性的情感：講求個人敏銳的觀察，感官上直覺的感受，內心真實的感動。

多用對比方式：將兩種不同的情景，放在一起描寫，產生強烈對比，效果更佳。

情景交融互映：透過景來表達內心情愫互動的感受。

情理調和共融：如有需要說理，不可喧賓奪主，沖淡情感的表達。

文筆心情牽連：使用感性而不濫情的文字，娓娓述說，真實而不誇張。

白馬湖之冬

夏丏尊

在我過去四十餘年的生涯中，冬的情味嚐得最深刻的，要算十年前初移居白馬湖的時候了。十年以來，白馬湖已成了一個小村落。當我移居的時候，還是一片荒野，春暉中學的新建築巍然矗立於湖的那一面，湖的這一面的山腳下是小小的幾間新平屋，住著我和劉君心如兩家。此外兩、三里內沒有人煙。一家人於陰曆十一月下旬從熱鬧的杭州移居於這荒涼的山野，宛如投身於極帶中。

那裡的風差不多日日有的，呼呼作響，好像虎吼。屋宇雖係新建，構造卻極粗率，風從門窗隙縫中來，分外尖削。把門縫窗隙厚厚地用紙糊了，椽縫中卻仍有透入。風颳得厲害的時候，天文夜就把大門關上，全家吃畢夜飯即睡入被窩裡，靜聽寒風的怒號，湖水的洴湃。靠山的小後軒，算是我的書齋，在全屋子中是風最少的一間，我常把頭上的羅宋帽拉得低低地在油燈下工作至深夜，松濤如吼，霜月當窗，飢鼠吱吱在承塵上奔竄。我於這種時候，深感到蕭瑟的詩趣，常獨自撥劃著爐火，不肯就睡，把自己擬諸山水畫中的人物，做種種幽邈的遐想。

現在白馬湖到處都是樹木了，當時尚一株樹都未種，月亮與太陽卻是整個兒的，從山上起直要照到山下為止。在太陽好的時候，衹要不颳風，那真和暖得不像冬天。一家人都坐在庭間曝日，甚至於喫午飯也在屋外，像夏天的晚飯一樣。日光曬到哪裡，就把椅凳移到哪裡。忽然寒風來了，衹好逃難似地各自帶了椅凳逃入室中，急急把門關上。在平常的日子，風來大概在下午快要傍晚的時候，半夜即息。至於大風寒，那是整日夜狂吼，要二、三日才止的。最嚴寒的幾天，泥地看去慘白如水門汀，山色凍得發紫而黯，湖波泛著深藍色。

下雪原是我所不憎厭的。下雪的日子，室內分外明亮，晚上差不多不用燃燈。遠山積雪，足供半個月的觀看，舉頭即可從窗中望見。可是究竟是南方，每冬下雪不過一、二次，我在那裡所日常領略的冬的情味，幾乎都從風來。白馬湖的所以多風，可以說是有著地理上的原因的，那裡環湖原都是山，而北首卻有一個半里闊的空隙，好似故意張了袋口歡迎風來的樣子。白馬湖的山水，和普通的風景地相差不遠；唯有風卻與別的地方不同。風的多和大，凡是到過那裡的人都知道的。風在冬季的感覺中，自古占著重要的因素，而白馬湖的風尤其特別。

現在，一家僦居上海多日了，偶然於夜深人靜聽到風聲的時候，大家就要提起白馬湖

來，說「白馬湖不知今夜又颳得怎樣厲害哩！」

〈白馬湖之冬〉為一篇寫景、說情的抒情文，作者描寫白馬湖的冬天，著眼於「風」字，作者抓住冬天冷冽的強風進行描述，進而領悟到蕭瑟的詩趣和情調，彷彿在平淡無奇的生活中悟出人生的情趣和世態風習，全文表露作者對白馬湖的懷念之情，真切樸實，更流露作者處世自然、達觀的態度。

作文老師的叮嚀

寫抒情文，必須抒發內心的真誠；無所感而勉強發生抒情，即是「無病呻吟」，因此，過於虛幻和歪曲事實，就不是抒情的好方法。

抒情文雖然也會參雜記敘、議論，然而仍以宣洩作者的真摯感情為目的。表達方式雖然各有不同，但總要以心動、生動、情動為動人的寫作原則。

〈抒情文作品研讀〉

作文入門／梁啟超
寫什麼，怎樣寫／王藍
作文七巧與作文十九問／王鼎鈞
中國現代文學大系—散文／張曉風主編
中國現代文學選集（散文卷）／齊邦媛主編
台灣當代散文選（1945—1988）／許達然主編
靈光照眼—當代哲理散文選／方杞編
爾雅散文選（一）（二）／柯慶明
現代散文新風貌／林雙不
藝術創造工程／余秋雨
散文點線面／季薇
散文瞭望角／范培松
評論十家／齊邦媛等
中國散文美學／吳小林
獨步散文國／沈謙
一扇文學的新窗／張春榮
文學知識／楊牧
九歌年度散文選／九歌出版
朱自清全集／朱自清
從作文原則談作文方法／王雲五
名家教你學作文／林良
中國近代散文選／楊牧主編
中國現代散文選析／李豐楙等編著
簾夢春雨—當代台灣十二散文家選集／陳義芝編
現代散文精讀／游喚等選注
現代散文／鄭明娳
中國現代散文理論／蘭亭
散文的藝術／季薇
散文研究／季薇
當代台灣文學評論大系：散文批評／何寄澎
文學散步／龔鵬程
文學的原像／楊照
一把文學的梯子／張春榮
現代散文廣角鏡／張春榮
文學的出路／李瑞騰
現代散文讀本／二魚出版

HB

記敘文的寫作用字技法

記敘文的寫作用字技法

以敘事為主的文章是記敘文的重要類型，這種文類以敘述事件為主，突出事件中矛盾的產生、發展、解決過程。因此，敘事能力是寫好記敘文重要的關鍵。

記敘文可分為兩種：「記事文」記人、事、物的形狀，沒有動作或心理的刻劃。另一種「敘述文」，是偏重於敘述事實的經過、活動的過程與人物心理的狀態。

韓愈的作品，包括傳記、行狀、碑銘、墓志等，大都屬於記敘文，如〈張中丞傳後敘〉寫張巡、許遠、南霽雲等死守睢陽的事跡，慷慨悲壯、可歌可泣。

另外，韓愈所寫的〈祭十二郎文〉，既屬抒情文又為記敘文，歷代文學家都說寫得好，他用口頭語，道家常事，不假雕飾而無限悽愴，為祭文中的創格，《古文觀止》的選編者說它通篇「字字是血，字字是淚」，為「祭文中千年絕調」，誠所謂「情之至者，自然流露為至文」。這篇文章以「情」為經，以「哀」為緯，實以歷歷之往事，構成三大不朽之一的抒情心的記敘文傑作。

記敘文的敘事運筆技法

第一，選材要精，要選自己熟悉的人、事、物來寫。要做到這一點，就要善於觀察，勤於思考，留意生活中的各類事項。

第二，構思要巧，要做到構思巧妙有系統。所謂構思要巧，也即是在文章的立意上要有新意，選擇題材、組織題材、表現方法等技法，力求精巧，儘量做到新穎別致，不與他人雷同。

第三，內容要具體，要交代清楚記敘的要素。也即寫清楚人的身分背景，發生了甚麼事，是在甚麼時間和地點發生，事情的起因、經過和結果如何。只有把這些弄清楚了，文章的內容才能清晰完整。

第四，詳略要得當，根據中心思想的需要進行剪裁，仔細考慮詳略。詳寫就要放得開，刻劃細膩，充分發揮，重點才能突出。次要之處只要略寫即可。

第五，結構要完整。所謂完整，一是指事件從起因到結果的完整，二是指文章結構上的完整。

第六，人稱、線索要清楚。記敘文中共有三種人稱，人稱是敘述的出發點，究竟運用哪種人稱，要根據表達的需要選用。記事必須線索清楚，線索是在文章中起連貫作用。如果有好的題材，再加上有使全文連貫的線索，文章就易於完整。

第七，敘述方法要得當，文字要感性和理性兼備平衡。根據需要組織題材，按照一定的順序來

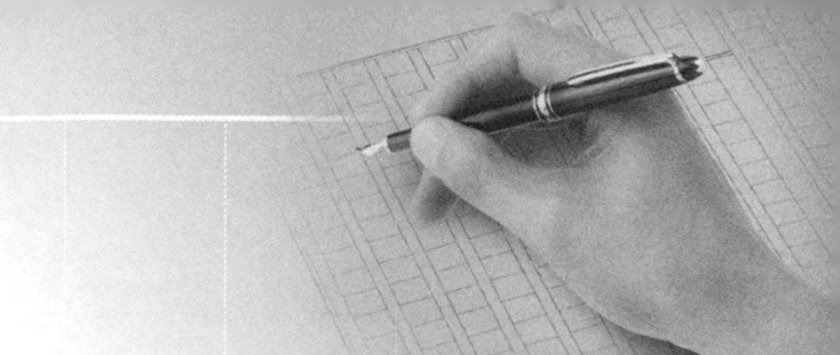

寫，敘述的方法可以任意選擇順敘、倒敘或插敘等。

記敘文作品賞析

桃花源記

陶淵明

晉太元中，武陵人，捕魚為業，緣溪行，忘路之遠近；忽逢桃花林，夾岸數百步，中無雜樹，芳草鮮美，落英繽紛；漁人甚異之。復前行，欲窮其林。林盡水源，便得一山。山有小口，彷彿若有光，便捨船，從口入。

初極狹，纔通人；復行數十步，豁然開朗。土地平曠，屋舍儼然。有良田、美池、桑、竹之屬，阡陌交通，雞犬相聞。其中往來種作，男女衣著，悉如外人；黃髮垂髫，並怡然自樂。見漁人，乃大驚，問所從來；具答之。便要還家，設酒、殺雞、作食。村中聞有此人，咸來問訊。自云：「先世避秦時亂，率妻子邑人來此絕境，不復出焉；遂與外人間隔。」問「今是何世？」乃不知有漢，無論魏、晉！此人一一為具言所聞，皆嘆惋。餘人各復延至其家，皆出酒食。停數日，辭去。此中人語云：「不足為外人道也。」既出，得其船，便扶向路，處處誌之。及郡下，詣太守，說如此。太守即遣人隨其往，尋向所誌，遂迷不復得路。南陽劉子驥，高尚士也，聞之，欣然規往，未果，尋病終。後遂無問津者。

〈桃花源記〉的文字簡潔，卻有極特殊的節奏感、音律美的韻味，蘇東坡曾說陶淵明的文字「質而實綺，癯而實腴。」〈桃花源記〉一文，表現出自然平淡的特色，除了「芳草鮮美，落英繽紛。」及「阡陌交通，雞犬相聞。」兩處使用華麗語詞表達，「黃髮垂髫」一詞應用借代的修辭技巧外，其他甚少有殊異的修辭技巧，也少用熱烈的辭藻，使得該文，猶如王維淡遠山水的畫境一樣，它的文字技法，不在逼真寫實，不在咄咄逼人的磅礴氣勢；它的美，是一份高遠的意境和淡雅的情韻，使人讀來餘音裊裊，心中充滿舒恬之感。

作文老師的叮嚀

記敘文就是以記人敘事為主要內容的文體，透過敘述事件的發生、發展、過程和結果及人物的身分、經歷、變化情況，對事件或人物做全面介紹。常見的形式有新聞報導、報導文學、傳記、故事、寓言、遊記、旅行文學、回憶錄等。想要寫好記敘文，除閱讀唐宋八大家的古文作品外，現代小說及人物傳記均可：

〈記敘文作品──小說研讀〉

京華煙雲／林語堂
藍與黑／王藍
風蕭蕭／徐訏
殺夫／李昂
未央歌／鹿橋
城南舊事／林海音
霸王別姬／李碧華
楚留香／古龍
窗外／瓊瑤
尹縣長／陳若曦
沉默之島／蘇偉貞
四喜憂國／張大春
吶喊／魯迅
邊城／沈從文
駱駝祥子／老舍
半生緣／張愛玲
圍城／錢鍾書
子夜／茅盾
台北人／白先勇
呼蘭河傳／蕭紅
冤家／楊青矗
寒夜／巴金
胡雪巖／高陽
楊桃樹／履彊
官場現形記／李伯元
啼笑因緣／張恨水
家變／王文興

千江有水千江月／蕭麗紅
棋王／阿城
旋風／姜貴
狂風沙／司馬中原
古都／朱天心
北極風情畫／無名氏
老殘遊記／劉鶚
世紀末的華麗／朱天文
男人的一半是女人／張賢亮
蟬／林懷民
打牛湳村／宋澤萊

將軍族／陳映真
異域／鄧克保（柏楊）
螞蟻上床／邵僩
棋王／張系國
藍血人／倪匡
星星月亮太陽／徐速
嫁妝一牛車／王禎和
香港三部曲／施叔青
兒子的大玩偶／黃春明
又見棕櫚又見棕櫚／於梨華
尹縣長／陳若曦

紅高粱／莫言
春桃／許地山
吉陵春秋／李永平
賴索／黃凡
飄雪的春天／羅蘭
抓住一個春天／吳念真
革命家的夜間生活／林文義
射鵰英雄傳／金庸
黑面慶仔／洪醒夫
鄭清文小說全集／鄭清文
我愛黑眼珠／七等生

HB

論說文的寫作用字技法

論說文的寫作用字技法

論說文可以細分為說明文和議論文，說明文是解釋事物，說明意義，使人得到事物的道理或物理現象的知識，客觀性較多；而議論文則是表達自己的意見，評論是非，批評他人或作品的意見，以說服別人為目的的文章，主觀性較強。

論說文是論述道理的文章，梁啟超先生把論說文分為五種：說喻、倡導、考證、批評、對辯。前三類重在說明；後兩類重在論辯。從性質上來說，前三類是說明文，後兩類是議論文。不過一般人把議論文和說明文合稱為論說文。

論說文的特性

（一）**內容方面**：論說文的特性，必須要有豐富的知識和獨特的見解，以做為寫作的基礎；寫作時，內容要充實，言之有物，見解獨到，並能提出有力的證據。

（二）結構方面：論說文的書寫為達到使人信服的目的，寫作內容一定得有條不紊，層次井然，結構嚴密，讓人無懈可擊。

（三）語氣方面：語氣必須斬釘截鐵，充滿自信心，強而有力，使人深信不疑，絕不可模稜兩可，軟弱無力。

寫論說文的原則

（一）明顯的限定文字含義：寫論說文，先要說明題目的意義所在，也就是先說明題目的定義，如此觀念才會明確，事理才能顯著。

（二）確定主旨：寫論說文，必須把握題旨，確定主旨，設定中心思想後才容易發揮。

（三）論點要圓通：寫議論文，要能把握論點，做到「能立」和「能破」的地步。所謂「能立」，就是建立自己的主張；所謂「能破」，就是能夠駁倒對方不同的理論。做到已「立」而不被「破」的境界，即是「立定主意，把握論點」的境界，更要做到「論點圓通」的地步。

（四）闡述有條理：寫論說文闡述道理一定要有條理，若條理不清晰，事理也就難以闡明，因此寫論說文切忌雜亂沒有條理。

（五）**要有充分的證據**：論說文要能正確舉例，使別人信服；學生應多閱讀中外歷史故事，寫作時多舉出古今中外人、事、物為例；並引用名言佳句，最好能在首段和結尾中引用，可用正反法、因果法，來證明自己的論點正確，以期增加文采。

（六）**文字用語要堅定**：寫論說文的語氣，立場要堅定，用語要肯定；肯定、詰問都是適合的語氣，千萬不要言詞閃爍、矛盾。除說理外，若能再注意到修辭，用排比句夾雜譬喻、映襯、轉化等，可增添文章美感。

論說文作品賞析

運動家的風度

羅家倫

提倡運動的人，以為運動可以增加個人和民族體力的健康。是的，健康的體力，是一生努力成功的基礎；大家體力不發展，民族的生命力也就衰落下去。

古代希臘人以為「健全的心靈，寓於健全的身體」，這也是深刻的理論。身體不健康，心靈容易生病態，歷史上、傳記裡和心理學中的例證太多了。

這些都是對的；但是運動的精義，還不只此。它更有道德的意義，這意義就是在運動場上養成人生的正大態度、政治的光明修養，以陶鑄優良的民族性。這就是我所謂「運動家的風度」。

養成運動家的風度，首先要認識「君子之爭」。「君子無所爭，必也射乎。揖讓而升，下而飲，其爭也君子。」這是何等光明，何等雍容。運動是要守著一定的規律，在萬目睽睽的監視之下，從公開競爭而求得勝利的；所以一切不光明的態度，暗箭傷人的舉動，和背地裡佔小便宜的心理，都當排斥。犯規的行動，雖然可因此得勝，且未被裁判所察覺，然而這是有風度的運動家所引為恥辱而不屑採取的。

有風度的運動家，要有服輸的精神。「君子不怨天，不尤人。」運動家正是這種君子。按照正道做，輸了有何怨尤。我輸了只怪我自己不行；等我充實改進以後，下次再來。人家勝了，是他本事好，我只有佩服他；罵他不但是無聊，而且是無恥。歐美國家的人民，因為受了運動場上的訓練，服輸的精神是很豐富的。這種精神，常從體育的運動場上，帶進了政治的運動場上。譬如這次羅斯福與威爾基競選，在競選的時候，雖然互相批評；但是選舉揭曉以後，羅斯福收到第一個賀電，就是威爾基發的。這賀電的大意是：我們的政策，公諸國民之前，現在國民選擇你的，我竭誠地賀你成功。這和網球結局以後，勝利者和失敗者隔網握手的精神一樣。此次威爾基失敗以後，還幫助羅斯福做種種的外交活動；一切以國家為前提，這也是值得讚許的。

有風度的運動家，不但有服輸的精神，而且更有超越勝敗的心胸。來競爭當然要求勝利，來比賽當然想創記錄。但是有修養的運動家，必定要達到得失無動於中的境地。運動所重，乃在運動的精神。「勝固欣然，敗亦可喜。」正是重要的運動精神之一；否則就要變成「悻悻然」的小人了！

有風度的運動家是「言必信，行必果」的人。運動會要舉行宣誓，義即在此。臨陣脫逃，半途而廢，都不是運動家所應有的。「任重而道遠」和「貫徹始終」的精神，應由運動家表現。所以賽跑落後，無希望得獎，還要努力跑到的人，乃是有毅力的人。

運動家的風度表現在人生上，是一個莊嚴公正、協調進取的人生。有運動家風度的人，寧可有光明的失敗，絕不要不榮譽的成功！

寫論說文，可以運用舉例說明的技法。如：以歷史事件為例的「史例」、以生活中發生的真實事件為例的「事例」、虛擬某些相關事件為例的「設例」、引用名人名句的話為例的「語例」。以《新人生觀》一書聞名的羅家倫，在〈運動家的風度〉一文中即以此觀點為寫作技法。

羅家倫，1897年12月21日出生，字志希，祖籍浙江紹興，生於江西進賢。教育家、歷史學家，1949年來台，曾任總統府國策顧問、國民黨中央評議委員、國民黨黨史會主任委員、中國筆會會長、考試院副院長、國史館館長等職。1969年12月25日在台北逝世。

本文舉例範疇：

（1）**史例**：以威爾基競選美國總統失敗後，電賀羅斯福，說明運動家「服輸的精神」的風度。

（2）**事例**：以民國初年上海兩間大學因賽球而結仇，說明中國人缺乏運動精神。

（3）**設例**：以古希臘人強調表現形體之美，說明運動可以使人形體健壯。

（4）**語例**：以論語八佾篇，子曰：「君子無所爭，必也射乎。揖讓而升，下而飲，其爭也君子。」說明有風度的運動家遵守比賽規則，光明正大。

作文老師的叮嚀

論說文的開頭寫作必須做到鏗鏘有力，一語道破，使人樂於繼續閱讀。其中方式可有：

開門見山法：直截了當的把主題的重點說出來。

設問法：以反問的方式說明題旨。

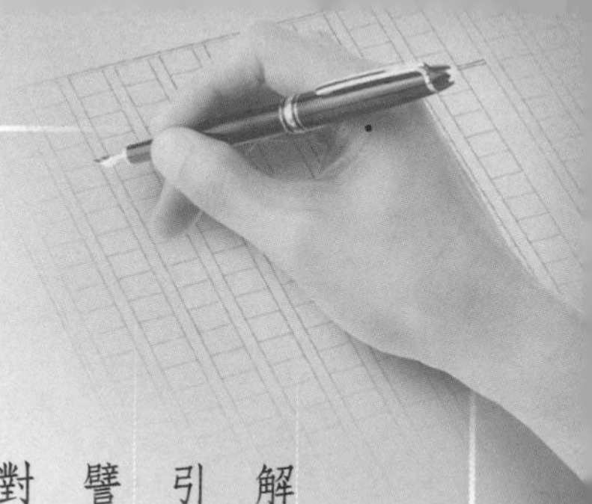

解題法：題目的意義深奧時，先從解釋主題的意義著手。

引用法：引用名人言論或俗語、諺語、寓言、佳句，再導入主題。

譬喻法：運用假設的語句，多方設想，以便引出主題。

對比法：以對比方式起筆。

反起法：從主題的反面或與主題相反的事物起筆。

例證法：從前人事蹟中找出實例，用以印證題旨，則題目意義雖未解釋，由例證即可參題意。

提示要點法：首先把闡述的要點提示出來。

說重要法：闡明重要性，引起讀者的重視。

叫好又叫座
老師與家長大力推薦！

彩色圖文版
老少咸宜人人都適合！

全世界都在做的800個思維遊戲（上）（下）
腦力＆創意工作室◎編著　單冊定價250元

快速提升35％腦能力
充滿智慧和挑戰，正風靡全世界的書

思維遊戲源自日本寺廟，風靡日本300年，全世界的聰明人都玩過這些遊戲。科學家愛因斯坦曾說過：「一個人的認知是有限的，而想像力無窮」。這是一本集智慧、知識、思維、娛樂為一體的智趣性圖書。在給人們生活帶來歡樂的同時，不忘對於智慧的提升、思維的開拓、理解的滲透與知識的增進。　思維遊戲彙編800則思維遊戲，章節分明，邏輯有序。比如書中的生存遊戲，考驗你在危難時如何用智慧戰勝險惡，走出生命的低谷；市場遊戲，讓你身在家中卻能領略生意場上的刀光劍影，在弱肉強食的競爭中旗開得勝；推理遊戲，讓你的大腦思維轉得更快，最終會發現為什麼多年來你的思維呈下坡趨勢……

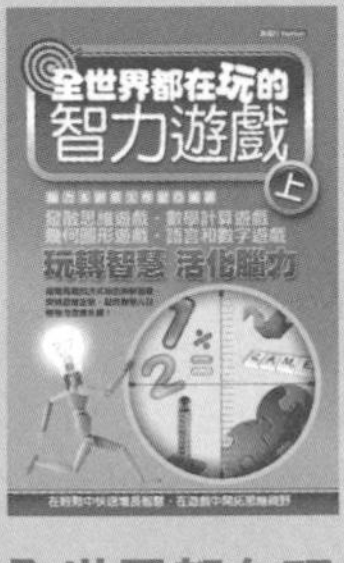

全世界都在玩的智力遊戲（上）（下）
腦力＆創意工作室◎編著　單冊定價250元

玩轉智慧　活化腦力
在輕鬆中快速增長智慧　在遊戲中開拓思維視野

用最有趣的方式玩出新鮮創意，突破思維定勢，點燃智慧火花，使智力全面升級！　必要的思維鍛煉，是培養一個人智慧的必修功課。而《全世界都在玩的智力遊戲》（上、下冊），可以為你開啟一段非凡的大腦冒險之旅，經歷一場前所未有的思維革命。這些精挑細選、構思精巧、引人入勝智力遊戲，在遊戲與挑戰之間，既能讓你蹙眉、凝神，又能讓你會心一笑，在有意無意中提升創新能力。　在書中你可以破解所羅門王的智慧和微軟公司的超級難題；可以為海盜分金，幫牛頓解開謎底。《水滸傳》裡的王婆在開茶館之前是賣西瓜的，在她的西瓜攤前有一個奇怪的告示，這個告示無人能解，你不妨一試。阿里巴巴遇到難纏的財主，他會運用怎樣的智慧，來走出邏輯陷阱呢？……書中一個個充滿懸疑的益智小故事，蘊含著豐富多彩的思維智慧，能讓你在伏案之餘、賴床之後，享受有益的思維美味。

全世界都在玩的有趣數學題
亨利・恩斯特・杜德耐◎編著　定價250元

南一書局選用本書部分章節作為國中數學教材
全國數學老師推介並選用本書做為教學輔助教材

☆近100年來英國人最心愛的智力娛樂書籍。
☆入選2005年BBC電視台「影響英國人生活的100本圖書」。
☆已經被翻譯成十多國文字，流傳全世界將近100年。
☆估計全世界已經有兩千多萬人讀過這本書。

全世界都在玩的心理遊戲
腦力＆創意工作室◎編著　單冊定價250元

融合科學性與趣味性人人適合的大眾心理讀本
最新、最準、最超值、最好玩的心理測驗

本書精心選取了80多個最新、最準的心理遊戲，可以成為您健康心靈的醫生、情感生活的顧問、成就事業的風向球。讓您在遊戲中發現自己性格的神秘基因，並輕鬆看透別人的內心。　本書最大的特點是圖文並茂、雅俗共賞，書中有另類獨特、行文詼諧有趣的心理故事和遊戲，也有嚴謹、高雅獲得心理學家認可，準確精闢的專業測驗，是一本不可多得的集趣味性與科學性於一體的大眾心理讀本。

全世界都在玩的愛情心理測驗
腦力＆創意工作室◎編著　單冊定價250元

最新、最準、最好玩的愛情心理測驗
給妳未卜先知的魔力，幫妳找到愛情的攻略法

他是花花公子嗎？妳會被第三者踢出局嗎？哪種氣質的男生最吸引妳？他對妳是不是真心的？妳在床上容易犯的錯誤是什麼？妳是個大女人嗎？妳是重色還是重友？妳會有幾個Baby？　妳只要一個選擇，便可以得到一個滿意的結論！每一個問題的回答無需太多的思考，只需妳真實的第一反應。書中大部分題目都是由輕鬆幽默的故事引出的，每道題後面都有心理解析，提供心理測驗所依據的原理，讀過之後，你不僅能夠學到一點心理學的知識，甚至還可以根據這些原理舉一反三自己設計出屬於自己的新的心理測驗。

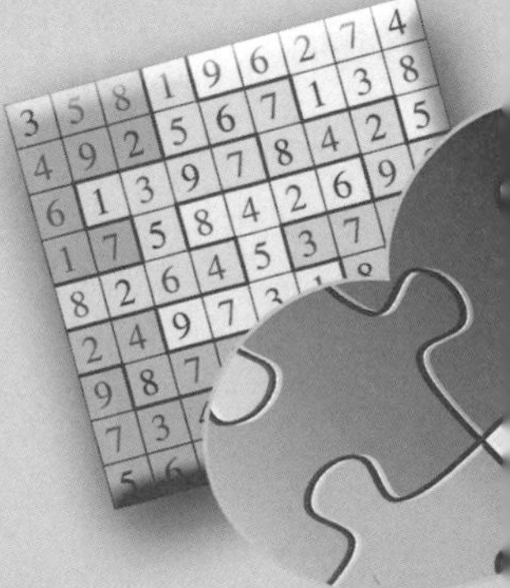

宇河文化出版有限公司 出版　紅螞蟻圖書公司 總經銷

地址：台北市內湖區舊宗路二段121巷28號4樓　電話：（02）2795-3656　傳真：（02）2795-4100
網址：www.e-redant.com　E-mail：red0511@ms51.hinet.net

作文名師・文學作家

陳銘磻

曾任國小教師、電台廣播節目主持人、台視「書香」節目主持人。與吳念真、林清玄聯合擔任中央電影公司電影「香火」編劇。雜誌總編輯兼社長、出版社發行人。耕莘寫作會主任導師、救國團大專編研營駐隊導師。國家文藝獎文學類提名委員。曾以〈最後一把番刀〉一文獲中國時報第一屆報導文學優等獎。《情話》、《軍中笑話》、《尖石櫻花落》曾入選金石堂暢銷書排行榜。《香火》、《報告班長》、《部落・斯卡也答》為電影原著。曾以〈聽見櫻花雨落聲〉入選九十二年散文選、〈雪落無聲〉入選九十六年散文選（九歌出版）。

著作有：《賣血人》、《最後一把番刀》、《父親》、《尖石櫻花落》、《櫻花夢》、《遇見雙魚座的男人》、《花心那羅》、《陳銘磻報導文學集》、《夢浮伊豆》、《雪琉璃》、《作文高手一本通》、《雪落無聲》、《新店渡》、《作文得高分密技》、《青雲有路志為梯》（中英文版）、《幸福正在旅行》《開往北海道的幸福列車》等七十餘部。

現任台北柯林頓補習班國中國小作文與閱讀老師、大愛電視台〈發現〉節目主持人。

作文高手在一班(1)

作文最常寫錯的字

定價250元

寫好作文的第一步：深入認識漢字，與錯別字說bye bye！

作文名師35年的文字功力一次灌輸給你，作文高分不再是夢想！

作文高手在一班(2)

作文最常用錯的詞

定價260元

滾動著繽紛的詞彙，是層層疊疊的雅致構造。

伸展作文用詞的雙翼，帶領名詞、動詞、介詞、助詞、形容詞等各類詞語，如何編織成錦，拈錦掛帆，翩然啟錨而行，裊娜宛轉出一篇好文。

Red Yam 紅蕃薯貼心出版　紅螞蟻圖書 熱情發行

國家圖書館出版品預行編目資料

作文最常用錯的詞 / 陳銘磻著.
第一版——臺北市：紅蕃薯文化出版；
紅螞蟻圖書發行, 2009.5
面 ； 公分. ——（資優學園；19）

ISBN 978-986-6400-00-1（平裝）

1.漢語教學 2.作文 3.寫作法 5.中等教育
524.313 98004966

資優學園 19

作文最常用錯的詞

作　　者 / 陳銘磻
美術構成 / Chris' office
校　　對 / 楊安妮、朱慧蒨、陳銘磻
發 行 人 / 賴秀珍
榮譽總監 / 張錦基
總 編 輯 / 何南輝
出　　版 / 紅蕃薯文化事業有限公司
發　　行 / 紅螞蟻圖書有限公司
地　　址 / 台北市內湖區舊宗路二段121巷28號4F
網　　站 / www.e-redant.com
郵撥帳號 / 1604621-1 紅螞蟻圖書有限公司
電　　話 / (02)2795-3656（代表號）
傳　　真 / (02)2795-4100
數位閱聽 / www.onlinebook.com
港澳總經銷 / 和平圖書有限公司
地　　址 / 香港柴灣嘉業街12號百樂門大廈17F
電　　話 / (852)2804-6687
新馬總經銷 / 諾文文化事業私人有限公司
新 加 坡 / TEL：(65) 6462-6141 FAX：(65) 6469-4043
馬來西亞 / TEL：(603) 9179-6333 FAX：(603) 9179-6060
法律顧問 / 許晏賓律師
印 刷 廠 / 鴻運彩色印刷有限公司
出版日期 / 2009年5月 第一版第一刷

定價260元 港幣87元
敬請尊重智慧財產權，未經本社同意，請勿翻印，轉載或部分節錄。
如有破損或裝訂錯誤，請寄回本社更換。
ISBN 978-986-6400-00-1 Printed in Taiwan